教わる力

すべての優秀な人に共通する唯一のスキル

牧田幸裕

ディスカヴァー
携書
202

本書は2015年7月に小社より刊行された
『すべての「学び」の前に鍛えるべきは、「教わる力」である。』を改題し、
新書判に再編集したものです。

まえがき

本書を書くきっかけは、近年、ビジネス書やセミナー、研修などで「教える力」や「育てる技術」は繰り返し説かれ、スキルも向上している一方で、「教わる力」については、むしろ蔑《ないが》ろにされているのではないかという仮説を持ったことからである。

日本企業に成果主義が本格的に導入されるようになって20年近く。多くのビジネスパーソンが自分自身の成果を出すことに精一杯になり、部下の面倒をあまり見なくなった。その結果、企業内で技術の伝承がなされなくなり、部下が育たなくなった。その反省から「教える力」が見直され、部下にどう「教える」か、部下をどう「育てる」かに関心が集まってきた。

上司はファシリテーションの技術を学び、問いかける技術を学び、聞く技術を学び、アサーティブコミュニケーションを学んだ。「課長の教科書」系の本を読み、リーダーシップ論を学び、コーチングを学んだ。人材育成術も学んだ。

そうして上司の「教える力」や「育てる技術」は、磨きに磨かれた。わかりやすい「教え方」ができるようになり、部下のかゆいところまで手が届くようになった。部下にとっては、極楽である。しかし、そうなると、部下の「教わる力」は退化する。

かゆいところに手が届き、極楽状態になる。そうすると能力が退化するのは、誰にでもあることだ。

僕は普段、用件を伝えるために手紙を書くことはない。他人に用件を伝えるのは、電子メールかメッセンジャーだ。本書もパソコンを使い、ワードで書いている。だから、いざ万年筆で手紙を書こうとしたり、息子の小学受験の願書にボールペンで志望動機を書こうとしたとき、漢字が出てこない。大学受験のセンター試験の国語や京都大学の入学試験の国語では高得点をとったのに、覚えていた漢字が出てこない。電子メールやワードの変換機能が進化した結果、僕の漢字能力は退化しているわけだ。

もうひとつ例を挙げよう。僕は運転免許をMT（マニュアルトランスミッション）車の免許で取得した。というか、当時、それ以外の選択肢は皆無だったのだ。ところが、実際に購入したクルマはAT（オートマチックトランスミッション）車ばかり。クラッチ操作がなく、楽ちんだ。しかしそれに慣れると、いざMT車を運転する際に、ばたついてしまう。極楽状態に慣れることで、MT車を運転する能力が退化しているのである。

こうしたことと同様に、**上司や先生が「教える力」や「育てる技術」を磨けば磨くほど、部下や生徒の「教わる力」が退化しているのではないか**というのが、僕の仮説なのだ。

そもそも、「教える／教わる」行為は、コミュニケーションである。コミュニケーションである以上、「教える力」が向上しても、「教わる力」が変わらなければ、コミュニケーションの質は進化しない。

今の状況は、こういう状況だ。「教える力」は磨かれてきて、ずいぶん向上した。それに対し、「教わる力」は、相対的に蔑ろにされてきた。だから、それぞれの「力」が不均衡な状態にある。その結果としてコミュニケーションの質が進化せず、なかなか成果を出せない状態にある。

だとしたら、「教わる力」を鍛えて向上させれば、コミュニケーションの質も進化し、ターボエンジンに火がつき、一気に成果を出せるようになるはずだ。

本書は次のような方々に対して、なんらかの解決策と示唆を提供できると信じている。

・新聞やビジネス誌を熱心に読み、勉強会にも参加しているが、ビジネススキルが身につかない**ビジネスパーソン**
・自分の「教える力」を鍛えたのに、部下が育たないと頭を抱える**部門リーダー**
・合格を目指して勉強を頑張っているのに、模擬試験で結果を出せない**受験生**
・いくら教えても、なかなか子どもの成績が伸びないことに悩む**お受験ママ**
・ゴルフ雑誌を読み、レッスンを受け「目から鱗が落ち」まくっているにもかかわらず、一向にスコアが良くならない**ゴルファー**

本書の内容をざっとお伝えしておこう。

まず序章では、僕が目の当たりにしてきた**「教える力」**と**「教わる力」**の**不均衡**について、かつて外資系コンサルタント時代にお会いした業界1位の上場企業の課長、お受験ママ、プロゴルファーを教える一流のレッスンプロの具体例を通じて解説していく。

続いて第1章で、**「教わる力」が足りない人とは、「残念な人」ではなく「もったいない人」である**ことについて論じる。「教わる力」が足りない人は、どうやっても成果を手にできない「残念な人」ではない。何かを変えれば、たちまち成果を手にできるのに、今は成果を手にできていない「もったいない人」である。では、なぜ「もったいない人」になってしまうのか。

その原因を、開成中学に10番以内で合格しながら今は下位から数えて100位まで落ちてしまった神童君や、ゴルフレッスンを受けるたびに「目から鱗が落ちる」思いがするにもかかわらず一向にスコアが良くならない営業マン、ビジネス書の読書会に参加し充実感は得ていても肝心のビジネススキルがなかなか身につかない事業企画担当者などの具体例を挙げて解説する。

第2章では、**逆に「教わる力」を鍛え、成果や結果を出せるようになった状態とはどんなものか**についてお話ししたい。第1章が「教わる力」を鍛える前の〝ビフォア〟とすれば、第2章は「教わる力」を鍛えた後の〝アフター〟というわけだ。「教わる力」を鍛えると、最短距離・最短時間で目標を達成できるようになる。

本章では、「教わる力」を身につけた人として、

・新幹線で東京から新大阪まで移動する2時間半の間に、ビジネス書を少なくとも3冊読む外資系投資銀行のアソシエイト
・東京大学大学院や京都大学大学院の同期を差し置いて、同期で最初に外資系コンサルティング会社のパートナー（共同経営者）に昇進した青山学院大学卒のコンサルタント
・「教わる力」を活用し、ゴルフで100切りができるようになった青山学院大学准教授

といった具体例を紹介する。また、この章では模擬試験で偏差値を20上げる方法についても触れるので、お受験ママにはぜひお読みいただきたい。

第3章では、**「教わる力」を鍛えるうえでの問題点と対処法**について解説する。「教わる力」を鍛えた人はなぜ生産性が高く、問題処理能力が高いのか。それは、何が重要で何が不要かについて、自分の判断軸で瞬時に判断できるようになるからである。

つまり、「教わる力」を鍛えることで自分の判断軸を形成することができるというわけ

だが、そこに至るまでに、多くの人が直面する問題がある。それは、自分の周りにある情報が多すぎて、必要な情報と不要な情報を仕分けるどころか、情報の渦に呑み込まれてしまうということだ。

この10年、僕たちが手に入れられる情報は、インターネットの進化と共に劇的に増えている。自分の判断軸を持たないうちは、いとも簡単に情報の渦に呑み込まれてしまう。そこで、まず、情報を仕分けるために他人の判断軸を借りる。すでに「目利き力」を持っている人の判断軸を借りるわけだ。

ここでは、開成高や灘高はなぜ東京大学に多くの合格者を出すのか、その原因を、彼らの頭の良さ以外の点から検討していく。

第4章では、**自分の判断軸をつくりあげるための「お手本」をどう探すのか**について検討する。

自分の判断軸は、自分自身でつくれるものではない。「お手本＝自分の信じる道」に習い、つくりあげるものだ。では、どうすれば「お手本＝自分の信じる道」を探し出すことができるのか。それは、「お手本」のサンプル数を増やすことだ。いろいろな「お手本」

のなかから、自分の「信じる道」を探し出すのである。

自分の「信じる道」を探し出した人の具体例として、ゴルフを始めてわずか4か月で100切り間近にまでスコアを縮めた、三菱UFJモルガン・スタンレー証券で活躍しているM&A担当者を紹介する。そしてまた、外資系コンサルティング会社でベストプラクティス分析を行う際にどれだけ「お手本」を集めたうえで分析していくのか、外資系コンサルティング会社の1年生コンサルタントがどうやって自分の「信じる道」を探しているのかについても紹介する。また、地方の公立高校から東京大学理科Ⅲ類に合格した人たちを例に挙げ、たとえ地方にいようとも「お手本」を集めることは可能であることについても論じていきたい。


第5章では、**自分の「信じる道」を探し出した後に、どうやってその「お手本＝信じる道」をマスターしていったらよいか**についてお話ししよう。「お手本」に「教わる」というのは、単に「学ぶ」ということではない。真似し、模倣し、完全コピーし、憑依し、乗り移ることである。すなわち、「お手本」の分身になることである。

どう真似し、模倣し、完全コピーするのかということを、アクセンチュアからサイエント、ICGを経てIBMに移籍し、34歳で部門最年少のクライアント・パートナーになったコンサルタントの、20代の頃の「信じる道」の「貫き通し」方をご紹介する。また、300冊以上の本から自分の「信じる道」となる書籍を選び出した外資系ITサービス会社日本法人社長の話を紹介する。そして、ゴルフで100を切るために、どうやって「信じる道」を「貫き通」せばよいのか、2人のアマチュアゴルファーを対比しながら解説していく。

第6章では、**「お手本＝信じる道」をマスターした後に、どうやって「自分の判断軸」をつくっていけばよいか**について解説する。第3章から第5章までは、「他人の判断軸」に「教わり」ましょうという話だった。第6章では、「他人の判断軸」から卒業し、「自分の判断軸」をつくりあげる方法について検討したい。

ユニ・チャームがトヨタやP&Gから「教わり」、そして、独自の方法論に昇華させたOGISMA、UTMSSという目標管理手法や、アクセンチュア戦略グループ出身のビジネス書著者による自分の判断軸を活用した読書の仕方、東京大学とハーバード大学にW合格した高校生の勉強法を、具体例として紹介する。

最後に、序章で紹介した面々のその後を紹介する。業界1位の上場企業の課長、お受験ママ、プロゴルファーを教える一流のレッスンプロに、「教わる」立場だった人たちが、どう変わり、その結果、どういう成果を得ることができたのか、ぜひ読んでみていただきたい。

なお本書で紹介するさまざまなエピソードは、一部を除き、複数の人物のエピソードを掛け合わせたものである。登場人物のプライバシーに配慮し、このような形にさせていただいた。

本書はずいぶん前から企画があがっていたものの、執筆に相当な時間がかかってしまった。その間、辛抱強く原稿の完成をお待ちいただいたディスカヴァー・トゥエンティワンの千葉正幸氏には、ここであらためて深く感謝申し上げたい。千葉氏と同社社長の干場弓子氏には、本書の企画段階から編集まですべてにおいて、ディスカッション・パートナーとして助言をいただいてきた。御礼申し上げる。

教わる力

すべての優秀な人に共通する唯一のスキル

⊙

もくじ

第2章 「教わる力」を鍛えると、「もったいない人」から、「成果と結果を出せる人」になる

第3章 「教わる力」とは、自分の判断軸をつくることであり、取捨選択をできるようになることである

第4章 自分の判断軸を鍛えるために、「信じる道」を探し出す

第5章　自分の判断軸を完成させるために、「信じる道」を貫き通す　193

第6章

終章

序章

なぜ、「教わる力」なのか？

外資系の戦略コンサルタントというと、大手企業の経営戦略策定ばかり行っているのではないかと思われるかもしれないが、そんなことはない。

欧米諸国と比較して、日本の戦略コンサルティング市場は非常に小さい。また、マッキンゼーやボストンコンサルティンググループといった戦略コンサルティング専業の会社に加えて、アクセンチュア戦略グループやIBMなど、これまで業務プロセスコンサルティングやITコンサルティングに強かった会社も戦略コンサルティング市場に参入し、各社の競争は激化している。

その結果、外資系の戦略コンサルタントは、経営戦略策定支援のみならず、策定された経営戦略の実行支援、また、実行支援をする際に必要があれば、組織改革まで支援するようになりつつある。すなわち、外資系の戦略コンサルタントのサービス範囲は、この20年、拡大し続けてきているのだ。

経営戦略の策定支援だけなら、コミュニケーションをとる相手は多くの場合、大手企業本社の経営企画部門、または各事業部門の取締役や部長クラスの方々が中心となる。

ところが、策定された経営戦略を実際にクライアント企業と一緒に実行していくとなれば、東京本社や大阪本社だけではなく、全国主要都市に散在する支社、さらには、都市からずいぶん離れた工業団地内の工場にも出向くことになる。コミュニケーションをとる相手も、課長や主任クラスの方々が含まれるようになり、そして経営戦略を浸透させるために、お会いする相手の数も劇的に増えることになる。

「部下をどう育てればよいのかわからない」と悩む上場企業の課長

僕はかつて外資系コンサルティング会社の戦略コンサルタントとして、30社以上の上場企業、70以上の部門に対して、経営戦略策定支援、および策定された戦略の実行支援及び組織改革を行ってきた。現場での経営戦略浸透支援にも数多くかかわったことから、お会いした部長、工場長、支店長、課長の方々の総数は1500人を超える。彼らとは、企業変革のためにオンタイムはもちろんのこと、終業後も、新橋の赤ちょうちんや大阪のお初天神で、あるいは、博多の中洲にある屋台で、いろいろな議論をしてきた。

お互い気心が知れてくると、彼らの悩み相談を受けることもあった。そこでダントツで多かったのが**「部下の育成」問題**だった。主任から課長になると、管理する部下の範囲も広がる。主任のときは自分が優秀なスタッフであれば周囲から評価されるが、課長になると、自分自身が優秀なだけではなく、部下を上手に管理し育てていかないと評価されない。

ある業界1位の上場企業で、同期で最初に昇進した優秀な課長が、ため息交じりに僕につぶやいた。

「**自分が優秀であるためにどうすればよいかはよくわかるのに、他人である部下をどう育てればよいのかわからない。**僕にはマネジメントの才能がないんでしょうか？」

彼は一生懸命、努力していた。

手当たり次第に、部下を育成する書籍を読んでいた。「課長の教科書」系の書籍も、何度も繰り返して読んでいた。課長術のセミナーや研修にも参加していた。自分の課長スキル、ファシリテーションスキル、教える技術を磨いていた。

でも、組織のパフォーマンスは期待したほどには上がらない。

どうしてなのだろうか？　自分にはリーダーシップが足りないのだろうか？　教える技術が足りないのだろうか？

そうした悩みを持っているのは彼だけではない。僕がお会いしてきた課長たちは、外部のコンサルタントである僕の前で、社内では決して見せていないであろう苦悩の表情をにじませ、真剣に悩んでいた。

「子どもの成績が思うように上がらない」と悩むお受験ママ

その後、僕は外資系コンサルティングの世界から、アカデミズムの世界へ転身した。コンサルタントだった頃とは比較にならないくらい自由な時間を手に入れ、その自由な時間を、主に家族と一緒に過ごす時間に使った。

子どもと接する時間も飛躍的に増え、そこで、一緒にお受験勉強をすることになり、無事に成果を挙げることができた。成果を挙げた後、その経験を記した『得点力を鍛える』（東洋経済新報社）を上梓したこともあり、同じくお受験を考えているママやパパから相談を受けることも多くなった。彼（彼女）らは、真剣に悩んでいた。

「一生懸命、塾に通わせている。主人も送り迎えに協力してくれている。週末には、子どもと一緒に塾の宿題を考えてくれる。模擬試験対策の問題集も買ってきてくれる。私も平日、子どもが幼稚園から帰ってくると、すぐに着替えやおやつの時間を終わらせ、難しい塾の問題に取り組むなど、スケジュール管理を支援している。

こんなに一生懸命頑張っているのに、子どもの成績は思うように上がらず、模擬試験の合格可能性もなかなか上がらない。どうしてなのだろう？　私たちの子どもには才能がないの？　いけないとは思いながら、成績表を片手に、子どもを叱ってしまう」

そう言って、涙ぐみながら声を詰まらせるママもいた。

「アマチュアにゴルフを教えるのは難しい」と悩む一流のレッスンプロ

僕の趣味はゴルフだ。ゴルフについて自分の考え方を話すのが好きなこともあり、『ゴルフデータ革命』（プレジデント社）の解説を書いたり、「週刊東洋経済」のゴルフ特集や、「週刊ゴルフダイジェスト」の特集記事などに出させていただいたりしている。そうしたいろいろなご縁から、現役のツアープロや著名なレッスンプロとも親しくさせていただくようになり、彼らと食事をする機会もたまにある。

あるとき、あるプロゴルファーの方から、こんな話を伺うことができた。

「アマチュアのゴルファーにアドバイスを求められることが結構あるが、プロゴルファーに教える以上に、相当難しいね。なかなか成果を出すことができない。彼らを変えることは、本当に難しい」

彼はプロゴルファーの門下生を抱える「プロを教えるプロ」である。そのプロ中のプロが、アマチュアに教えるほうが難しいと言っているのだ。

問題は「教える力」ではなく、「教わる力」の不足にあった！

これまで話してきた、上場企業の優秀な課長、教育熱心なお受験ママ（パパ）、「プロを教えるプロ」であるプロゴルファーは、なぜ成果を出せないのだろうか？彼らのファシリテーションや教え方に問題があるのだろうか？

僕は、悩みを打ち明けてくれた課長が主催する勉強会にオブザーバーとして参加させてもらった。彼は教え方やファシリテーションスキルのトレーニングを社内外で数多く受講しているだけあって、具体例を豊富に紹介しながら、仕事の進め方についてわかりやすく講義をしていた。

僕の前で涙を見せたお受験ママが、お嬢さんの塾の宿題を教えているところを拝見したこともある。非常にわかりやすく、「どこかの塾で講師をやったらどうですか？」と言いたくなったほどだ。ママさんも少し晴れやかな表情で「この子の宿題を教えていたら、私も勉強できるようになっちゃって。今の私が受験したら、間違いなく合格できると思うんです（笑）」と冗談を言っていた。

「プロを教えるプロ」のレッスン風景を見学させていただいたこともある。さすが、アマチュアでは気がつかないような修正ポイントを即座に見抜き、それをわかりやすくレクチャーしている。どこからどう見ても、インストラクターの鏡である。

彼らの「教える力」は素晴らしかった。彼らに問題は見当たらなかった。でも、いずれのケースでも、思ったような成果を出すことはできなかった。なぜなのか。

僕にはわかっていた。**このままでは、彼らは永遠に成果を出せない。**どれだけ彼らが努力をしても、それは「成果を出す」という目標に対しては、無価値であると。

なぜなら、教える立場である彼らには問題がないからだ。だから、彼らのスキルをこれ以上改善しても、そこに問題がない以上、「成果が出ない」という問題は解決できない。

問題は、教わる立場、すなわち、課長の部下であるスタッフ、お受験ママのお嬢さん、「プロを教えるプロ」にレッスンを受けているアマチュアゴルファーにあった。彼らに「教わる力」が足りなかったから、成果を出すことができなかったのだ。

「教える」ことは、コミュニケーションのひとつ。コミュニケーションとは、発信者と受信者がいて、情報を伝授することだ。**いくら発信者の「力」を鍛えても、受信者の「力」が足りなければ、コミュニケーションは成立しない。（図1）**

彼らは一様に「教える力」を磨いてはいたが、コミュニケーションの相手の「教わる力」を磨いていなかった。鍛えていなかった。だから成果を出せなかったのだ。

しかし、これを彼らのせいにすることはできない。

図1

「発信者」と「受信者」両方のレベルを上げないと、成果は出ない

アマゾンで「ファシリテーション」または「教える」と検索をかけると、計5890冊の書籍がヒットする。一方「教わる」では、140冊しかヒットしない。

今度は「教える　方法」と「教わる　方法」で検索をかけてみる。「教える　方法」の1594冊に対し、「教わる　方法」は58冊だけだ。

最後に「教える　技術」と「教わる　技術」で検索をかけてみよう。「教える　技術」の889冊に対し、「教わる　技術」は20冊だけである。[※1]

このことからもわかるとおり、多くの人たちが、「教える」技術や方法ばかりに注目し、「教わる」技術や力を、厳しい言い方をすれば、蔑ろにしているのだ。**（図2）**

こうして、「教える」技術や方法は、この20年間で飛躍的に向上した。しかし、それにともない、ビジネスや教育、スポーツ指導などの現場で部下や生徒の能力が飛躍的に伸びたかというと、その成果は微々たるものだったと言わざるをえない。当たり前である。コミュニケーションの「発信者」の技術だけが向上し、「受信者」の技術はそれほど向上し

※1　いずれも2015年4月28日、著者調べ。Amazon.co.jp「本」カテゴリーでの検索結果。

図2

「教える力」は鍛えられてきたが、「教わる力」は鍛えられていない

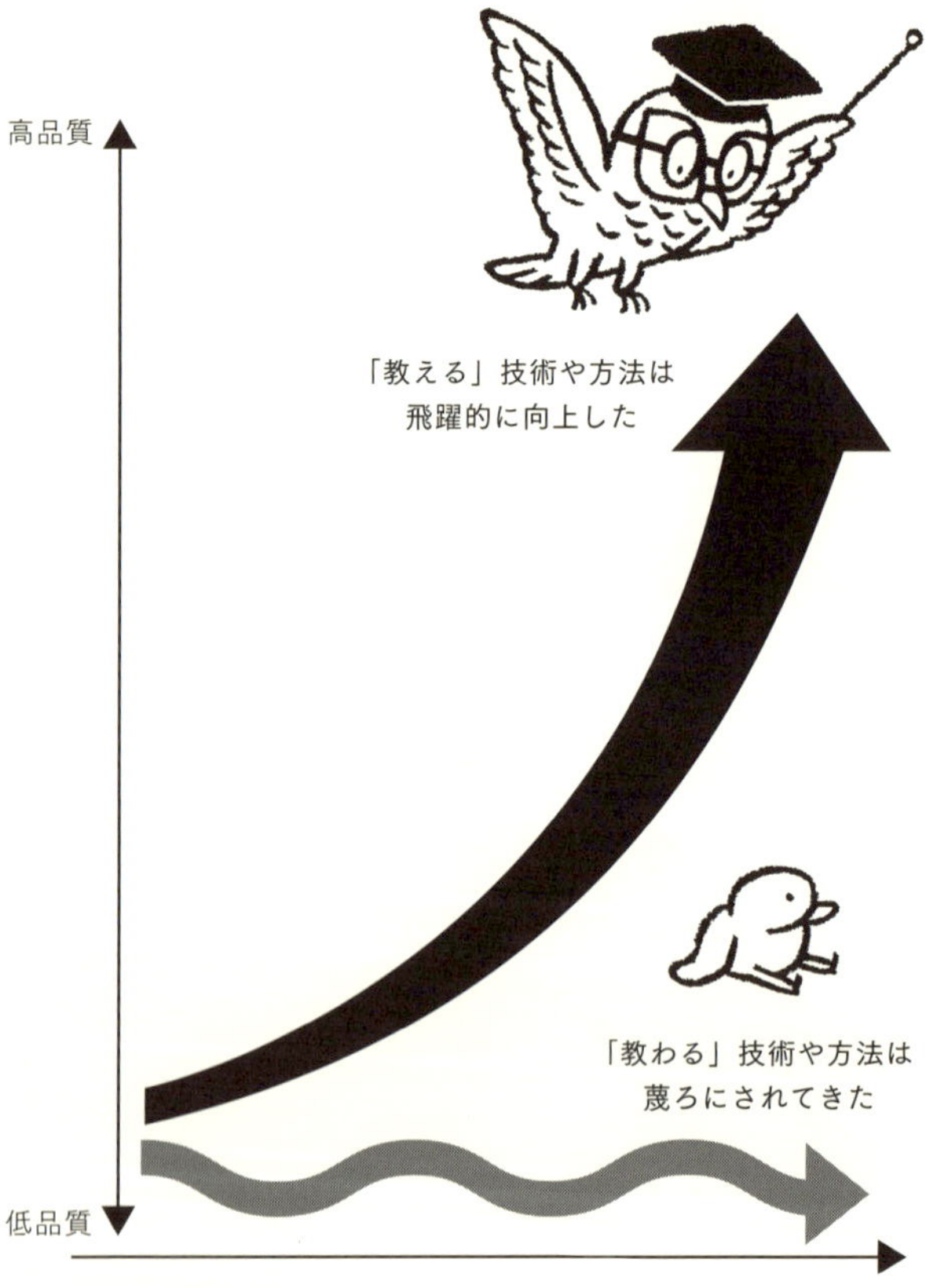

なかったからだ。

そこで、「教える」立場にある皆さんに明確にお伝えしたいことがある。

世の部下育成に携わる課長の皆さん、もし部下の成長スピードが遅かったとしても、それはあなたのせいではない。あなたの教える技術やファシリテーションスキルが足りないからではない。そうではなく、**部下の「教わる力」が足りないから**だ。

世のお受験ママ、お受験パパの皆さん、もし、あなた方のお子さんの成績が伸び悩んでいたとしても、それは、あなたのせいではない。あなたの教える技術が足りなかったからとか、塾選びが間違っていたからではない。そうではなく、**お子さんの「教わる力」を発達させきっていないから**だ。

世のゴルフインストラクターの皆さん、あなたが教えるアマチュアゴルファーのスコアが伸び悩んでいても、それはあなたのせいではない。あなたのレッスンスキルが劣っているからではない。そうではなく、**アマチュアゴルファーの「教わる力」が足りない**のだ。

今度は、立場を変えて考えてみよう。ここまで、教える立場の人たちの話をしてきたが、教わる立場でも悩んでいる人たちを、僕は数多く見てきた。

あなたの周りにも、こんな人がいないだろうか？

入社3年目。日本経済新聞のみならず、日経産業新聞や日経MJにも目を通す。今朝の最新ニューストピックはいち早く入手している。今朝は「イオンリテールをはじめ、総合スーパー事業が営業赤字になった」という記事をいち早く入手し、朝礼で「国内流通事業は、厳しい状況が続いています」と発表できた。でも、部長から「今後、イオンはどうするんだろうねぇ？東南アジア市場は伸びているみたいだけど、彼らはどういう戦略を考えていると思う？」と聞かれ、「えっ？」となって、頭が真っ白になってしまった。

入社7年目。仕事が終わった後の趣味は、大型書店のビジネス書コーナーめぐり。書店に立ち寄ると、1時間や2時間はあっというまに過ぎてしまう。気になるビジネス書はどんどん購入。湯船のなかでも本を読めるグッズを購入し、バスタイムも勉強に

余念がない。でも、先月の昇進人事では、同期が３人も先に昇進した。あいつら、僕みたいに勉強していないのに。人事って、本当に運だよなぁ。

入社10年目。人事規定が改正され、課長昇進にはＴＯＥＩＣ８５０点以上が必須になった。でも、７８０点からなかなか上がらない。ゴルフで１００の壁とか、90の壁って聞いたことあるけど、ＴＯＥＩＣにも８００点の壁ってあるのか？　まずい。来月、また試験だ。とにかく、今は問題集を解きまくろう。今、俺にできることはそれしかない。

断言する。

入社3年目の彼は、新聞やインターネットの最新情報からどう「教わる」べきかをわかっていない。このままでは彼は、仕事に付加価値を生むことは永遠にできないだろう。

入社7年目の彼は、あと3年もすると小さな図書室のような書斎を持つことになるだろう。でも、いくらビジネス書を読み続けていっても——言いかえると、「教わる」だけでは——書評は書けるようになるかもしれないが、ビジネススキルは向上しない。だから、永遠に昇進できない。

入社10年目の彼は、800点の壁を越えられない。そこからは問題集じゃない。「教わる」ポイントがずれているかぎり、成果は出せない。彼も、課長になる要件を永遠に満たせない。

お断りしておくが、彼らはとても頑張り屋である。努力が足りないビジネスパーソンではない。真面目である。努力家である。だからこそ、本当にもったいない。せっかくの才能を活かしきれていない。

このように、「頑張っているのだが成果をまだ出せない」人たちにお伝えしたい。

世のなかの教わる立場にあって、成果を出せていない皆さん。もしあなたが、頑張っている人なら、**成果を出せないのは、あなたの頑張りが足りないからではない。そうではなく「教わる力」が足りないだけである。**あなたが「教わる力」を身につければ、あなたの頑張りはターボエンジンに火がついたかのように、いきなり成果に向かって急発進するだろう。

ニューヨークタイムズ・ベストセラーになった『フラット化する世界』（日本経済新聞出版社）を上梓したトーマス・フリードマンは、以下のように述べている。

「フラットな世界で伸ばすことができる最初の、そして最も重要な能力は『学ぶ方法を学ぶ』という能力だ※2」

これまで述べてきたように、「教える力」は、この20年間磨き上げられて、学ぶ環境＝教わる環境は、ずいぶん整ってきている。だから今こそ、「学ぶ方法を学ぶ」＝「教わる力」を鍛えるべきだ。本書を読み終わったとき、それは「教える力」と「教わる力」が噛み合うようになって、ターボエンジンに火がつくときである。あなたにとって、成果を出す出発点になるはずだ。

※2 『フラット化する世界（下）』（日本経済新聞社）p.11

第1章

「教わる力」が足りない人は、「残念な人」ではない。せっかくの力を活かしきれない「もったいない人」である

まだまだいる、せっかくの力を活かしきれない「もったいない人」

序章では、頑張っているにもかかわらず成果を出せない人を何人か紹介した。

彼らは、本当に真面目に頑張っている。日本経済新聞はもちろんのこと、日経産業新聞や日経ＭＪにも目を通す。毎朝の最新ニューストピックはいち早く入手する。書店に立ち寄ると、あっというまに1～2時間が過ぎてしまうくらい、ビジネス書を真剣に吟味している。傍から見ても努力している、前向きな人だ。前向きなのに、努力しているのに、真面目なのに、成果がついてこない。なぜなのか。

その原因を考える前に、「もったいない人」を、もう少しご紹介していこう。

そして、最後に「もったいない人」になってしまう原因を考えてみよう。

小学生のときには神童。SAPIX[※3]東京校でα1（最上位クラス）をキープし続け、開成中学と灘中学にW合格。開成中に進学し、このまま東大一直線かと思われたが、

中1の1学期の中間テストは３００人中80位。その後も成績はずるずると下がり続け、中3の中間テストでとうとう裏１００（下位１００位）に突入。中学受験時には10位以内で合格したはずなのに、どうしてこんなことになったのか。勉強をさぼったわけではなく、真面目に授業も受けているのに……。

ただ今就職活動中。明治大学政治経済学部4年生。ゼミは西洋経済史。最近、企業説明会に参加するのが楽しくてたまらない。大学では過去の経済発展の過程を学んできたが、企業説明会では、現在の日本経済のダイナミックな動きについて、現場の最前線で活躍するビジネスパーソンがわかりやすく説明してくれる。いつか私もこういうビジネスパーソンになりたいと、毎回、最前列で熱心にメモをとり、説明には力強くうなずく。熱意だけは他の学生に絶対に負けないつもり。エントリーシートも１００枚以上書いた。でも、通過率がイマイチで、なかなか面接まで行かないんだよなぁ……。

※3　SAPIXは、東京を中心に関東一円、最近は関西にも校舎を展開する進学塾。最難関中学への合格者数が非常に多い。２０１５年春の実績は、開成中学２４５名、麻布中学１８３名、筑波大学附属駒場中学90名、桜蔭中学１７１名など。

一橋大学法学部卒業。新卒で伊藤忠商事に入社。食料カンパニーに配属され、食品流通に携わってきた。ひととおり仕事を覚え、一人前になってきた実感を覚えた5年目に、人材エージェントから電話が。「ようやく自分もヘッドハンティングされるくらい業界で名前が売れてきたか！」と、胸を熱くさせながらエージェントの話をきいたところ、飛ぶ鳥を落とす勢いで成長しているSNSアプリ開発を手掛けるベンチャー企業のマネジャー職へのお誘い！

　いろいろ考えたが、チャンスの女神には前髪しかない。今担当している仕事の引き継ぎもあるので、転職は4月まで待ってもらった。そして、いよいよ4月。マネジャーとして2週間が過ぎた。伊藤忠のような大企業とベンチャー企業では、オペレーションも違う。まだまだ未熟な業務プロセスも多い。ここは前職での経験を活かして業務プロセス改革を行い、この会社を大きく発展させよう！と、心意気だけは十分なのだが、どうも部下たちとの距離を感じるんだよなぁ。なんか、だんだん部下たちの元気がなくなってきているような。どうしたものか……。

中堅消費財メーカーの営業部門主任、32歳。駒澤大学法学部卒業。仕事もひととおりこなし、このまま社内の昇進規定でいけば、4、5年後に課長昇進が見えてくる。一応、有望株ということで、課長も部長も目をかけてくれ、担当している帳合[※4]の部長とのゴルフコンペに参加させてもらえることになった。

今は「110の王[※5]」だが、コンペまでになんとか100を切りたいと考え、週末は練習場で20分3000円のミニレッスンを受けている。これが、毎回目から鱗が落ちる体験。開眼しまくりで、このままいけば100なんて目ではなく、90も切れそうなほど。でも、レッスンを受けているときは調子が良いんだけど、コースにでると元に戻っちゃうんだよなぁ。この前のスコアも112……。仕事はできても、ゴルフの才能はない？

※4　帳合とは帳簿合わせを意味し、取引がある会社のこと。消費財メーカーの場合、卸問屋を通して小売企業に製品を流通させるので、直接の取引がある卸問屋のことを帳合という。

※5　ゴルフスコア110程度のゴルファーだということと、「百獣の王」をかけている。100を切らないとゴルファーとはいえないという風潮もあるが、100を切れるアマチュアゴルファーは日本の全ゴルファーの3割程度であり、110であれば日本では実質的にアベレージである。

中央大学法学部2005年卒業。準大手広告代理店の経営戦略室で事業企画を担当している。入社3年目のときに出合った勝間和代さんの本に衝撃を受け、それから数多くのビジネス書を読むようになり、ビジネススキルを身につけようと頑張っている。経営戦略、マーケティング、ロジカル・シンキング、問題解決系のビジネス書が好きで、これらの分野の新刊が発売されると、大体チェック。お気に入りの書店は丸善丸の内本店。気になる本はどんどん購入する。だって、これは費用ではなく投資だから。未来の私の糧になるはず。最近、友人からビジネス書の読書会に誘われ、参加してみた。なんと朝6時から8時までの読書会。早起きは大変だけど、朝から読書会に参加すると、なんか他の人より一歩リードしたような気分になる。参加者の意見も面白く、なんか朝から充実しているなぁ。このままビジネススキルを身につけていけば、いずれ外資系コンサルティング会社への転身も見えてくるかも。

　でも、この前洒落で参加してみた転職セミナーでは、ちょっとまだハードルが高そう。外資系コンサルタントって、どんな勉強をして、ビジネススキルを身につけているんだろう？

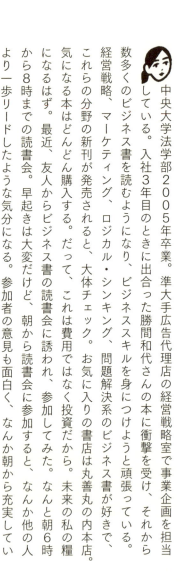

日比谷高校3年生。僕がまだ生まれていない1964年、日比谷高の東大合格者は193人で全国1位。って、2015年の開成高[※6]よりも凄い実績じゃん。学校群制度が導入された後は、東大合格者がわずか1ケタの年も多々あり、まあ鳴かず飛ばずだったけど、ここ数年の学校改革で、実績は着実に回復している。2015年は、東大37名合格。来年は僕の番だ。

この前受けた駿台予備校の第1回東大実戦模試はC判定。現役だから、まだまだ最後に伸びるはず。学校の勉強はもちろんのこと、平岡塾、河合塾と、トリプルスクールで頑張っている。トリプルスクールになると、やらなければならない宿題も多い。でも、僕は根性で全部やりきってみせる。通学時間もテキストを読んでいるし、何とか終わらせることができるはずだ。ただ、ちょっと復習が手薄なんだよなぁ。頑張っている割に、毎月の確認テストの結果がなかなか出ない……。

※6　2015年、開成高は東大に185名の合格者を出している。

いかがだっただろうか。いずれも前向きな人、努力している人、真面目な人だ。でも、成果が出ない。本当にもったいない。彼らが「教わる力」を鍛えれば、ターボエンジンに火がついたかのように、いきなり成果に向かって急発進できるのに。

「教わる力」とは、ナビゲーションを設定できる力

東京大学に最下位で合格しようと、その合格者は春から東大生だ。一方、1点差で東大不合格となった人は、最下位の合格者とほとんど力の差はないにもかかわらず、別の大学に進学するか、浪人することになる。もったいない。

2013年の鎌倉市市議会選挙（定数26）では、26位の当選者の獲得票数が1328票。27位の落選者の獲得票数が1327票であった。わずか1票の差である。26位の当選者は、3012票を獲得した1位当選者同様、市議会議員になる。27位の落選者は、獲得票数126票の最下位落選者同様、市議会議員を目指すのであれば、しばらくの間浪人となる。もったいない。

先に見てきた「教わる力」が足りない人たちは、東大を記念受験するような、合格見込

みのない「残念な人」ではない。いわゆる泡沫候補といわれるような、当選可能性のない「残念な人」でもない。前向きで真面目に努力し、本来は成果を出してしかるべき人だ。しかし、受験、昇進、選挙などでライバルに負ける「もったいない人」になってしまっている。

なぜ彼らは成果を出すことができないのか。それは、成果を出すために必要な「教わる力」が足りないからだ。**「教わる力」が足りないために、成果というゴールに最短距離で進むことができない。余計なところに寄り道をして、成果を出すために遠回りをしてしまうのである。**

クルマのナビゲーションシステムで考えてみよう。目的地へドライブする際にやることは、図3にも記したとおり、以下の5つのプロセスである。

①現在地の確認／②目的地の設定／③ルート候補の設定／④ルート候補の選択／⑤ルートの決定

これらのプロセスを経てドライブが始まる。途中、交通状況の変化によりルートが変更されることもあるが、基本的に最短距離、最短時間で目的地に到着できる。

「教わる力」を鍛えるとは、じつは、この5つのプロセスをきちんと行いましょうということに過ぎない。こう言うと拍子抜けするかもしれない。しかし、実に多くの人たちが、このプロセスをできていないのだ。（図3）

「①現在地の確認」、言いかえれば、現在の自分の立ち位置を客観的に把握できる人は、それほど多くはない。自分は何ができて、何ができなくて、何が足りないのか、すらすら言える人はどのくらいいるだろうか。

小学生や中学生は、学期ごとに通信簿をもらう。だから、何ができていて、何ができないのか、今の自分に足りないものは何かがわかる。しかし社会人になると、学期ごとに通信簿をもらうことはない。目標管理制度がない場合（仮にあったとしても）、上司から「まあ頑張っているんだけどなぁ」といったぼんやりしたフィードバックをもらうくらいだ。そうすると、大半の人はぼんやりと「今のままじゃまずいよなぁ。スキルアップしな

図3

「教わる力」とは、ナビゲーションを設定できること

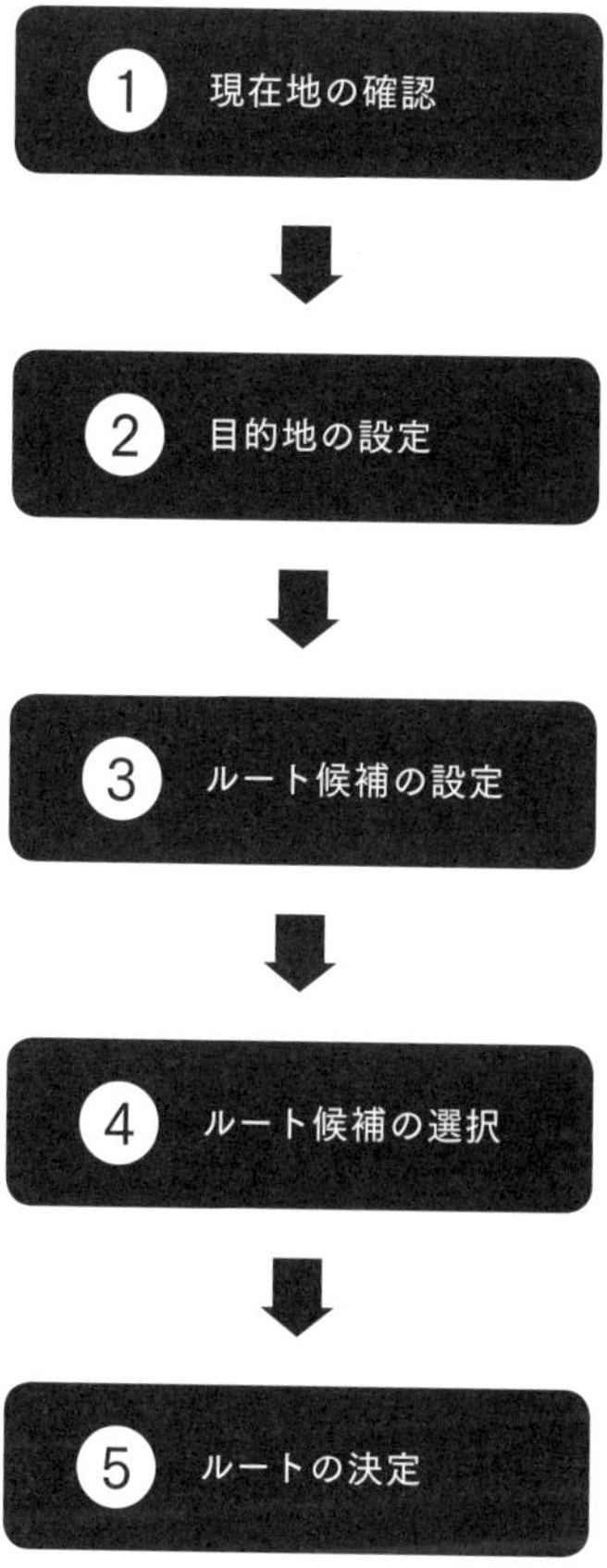

いと」と思う程度で、現在の自分の立ち位置を客観的に把握できていない。これでは、何を「教わる」べきかということからして不明確だ。

また、何を目標にすべきか、すなわち**「②目的地の設定」**が曖昧、または、そもそも間違っている人も意外に多い。

たとえば、序章で紹介したTOEIC850点。これは「目的地」なのだろうか？課長昇進要件を満たすという意味では、「目的地」ともいえる。しかし、その会社の経営陣や人事部がTOEICを受ける社員に求めているのは単なる点数ではなく、「アジア進出の際に現地企業との交渉を通訳なしに頑張ってくれよ！」ということだったりする。だとしたら問題集を必死で解き、TOEICで850点をとっても、会社が期待する「目的地」には到達できない。

「目的地」を考える際には、「そもそも何が自分に求められているのか」と、市場ニーズ、顧客ニーズ、上司ニーズから考える視点が必要だ。また、「850点という目標を与えられたから頑張ります」という受け身の視点ではなく、「850点をとったら自分はどうなるか、どう活躍するのか」という能動的な視点が求められる。

　そのような視点がないと、「目的地の設定」が曖昧になり、ときには「目的地」そのものを間違えることにもなりかねない。それでは、効率的に「教わる」ことなどできないのだ。

　仮に、「現在地」と「目的地」を設定できたとしても、最短距離、最短時間をいきなり自分で設定することは難しい。大半の人は、試行錯誤し、寄り道し、振出しに戻りながら、徐々にゴールに近づいていく。もちろん、そういった試行錯誤は、彼らにとっていい経験になるし、無意味とは言わない。しかし、時間が無限にあるわけではないのだから、そのなかで、最短距離、最短時間で「目的地」に到着する**「③ルート候補の設定」**に、もっと力を注ぐべきである。

　日本の組織では、試行錯誤して努力をする姿を称賛する傾向がある。しかし、その傾向が、ガンバリズムでサービス残業をすることで、なんとか企業活動を維持する日本企業の生産性の低さの原因になっている。

　外資系コンサルティング会社では、ガンバリズムは「頑張っているなあ」とは思われるものの、頑張ることは誰でもできるわけで、結局のところ「生産性の低い、無能の証」だ

「目的地」に到着すると思われる。頑張ることに価値は置かれず、最短距離、最短時間で「目的地」に到着することに価値があるとされる。だからルート設定に多くの時間をかけるし、最短距離、最短時間で時間のルート設定ができると、高く評価される。

「目的地」に到着するためのルート設定をする際に、候補が2つ3つであれば選ぶのは楽だが、たくさんあると、かえって混乱する。今や、ビジネス書でもインターネットでもMBAでも、さまざまなルート設定が紹介されている。だから、頑張って調べると、数百、数千のルート設定が見つかることがある。

大半の人は、そこで思考停止に陥る。数百、数千の選択肢のなかからベストの**「④ルート候補の選択」**ができないからだ。なぜ選択できないのか、それは「自分の判断軸」がないからである。**「自分の判断軸」がないので「他人の判断軸」に翻弄される**のだ。

何が正しいのか、何が自分に必要なのか、自分で判断できない。そこで本書では、正しい「ルート候補の選択」ができるようになるために、どうやって「自分の判断軸」をつくりあげていったらよいかについても、紙幅を割いて検討していく。

そして、**「⑤ルートの決定」**をして、走り出す。走り出しても、ゴールに到着するまでの途中でガソリンが足りなくなることもあるかもしれないし、ナビゲーションが提示したルートが工事中で、ルートの再設定が必要になるかもしれない。そういう場合、どう対処していけばよいのか、この点についてはコラムでもご紹介していく。

仮に自転車で走っていた場合、つまずいて転んでしまう場合もある。転んでも、起き上がって走り出せばよいのだが、何らかの理由で走り出せない場合もある。第1章の最初にご紹介した、開成中に進学した神童君のような場合だ。この点については、この後すぐに検討しよう。

パラダイムシフトに対応できないと、「もったいない人」になりやすい

SAPIX大規模校のα1というクラスは、本当にすごい集団である。15〜20人くらいの小クラスなのだが、その大半が、筑波大学附属駒場中、開成中、麻布中、灘中、桜蔭中、女子学院中に進学していく。

そのままいけば全員東大や京大に進学しそうなものだが、実際はそうではない。意外に

多くの生徒が、先にご紹介した神童君のように、途中でつまずく。なぜなのだろうか。それは、**パラダイムシフトに対応できないから**である。

パラダイムシフトとは、その時代や分野において当然のことと考えられていた認識や思想、社会全体の価値観などが、革命的に、もしくは劇的に変化することだ。

たとえば、天動説から地動説に変わったことや、第二次世界大戦後に大日本帝国憲法が廃止されて日本国憲法が施行されたことによる大日本帝国の消滅と日本国の成立などがそれにあたる。そこまで大きなことでなくても、固定電話から携帯電話への移行や、パソコンからタブレットへの移行もパラダイムシフトだ。

もっと目の前にあることで考えれば、幼稚園から小学校への進学も、小学校から中学校、中学校から高校、高校から大学への進学も、また大学を卒業し社会人になることも、そしてあるいは結婚も、すべてパラダイムシフトといえよう。

幼稚園から小学校に進学する際、親にも子にもパラダイムシフトが起こる。

たとえば、子どもを幼稚園まで（あるいは幼稚園の園バスが送迎に来るバス停まで）送り迎えすることが当たり前だったのが、自宅の玄関で子どもを送り、同様に玄関で子どもを迎えることになる。親は、「ちゃんと学校まで無事に行けるだろうか。無事に帰って来られるだろうか」と、最初は心配でたまらない。しばらくすれば新しい環境に慣れて、このような心配はなくなるのだが、これも親にとってはパラダイムシフトである。

子にしても、本格的に親から独立し、社会性を身につけていかなければならない。幼稚園時代は、連絡事項のプリントを受け取って親に渡すだけで済んだのが、先生が口頭で伝える連絡事項を自分でメモし、それを正確に親に伝えなければならない。それができないと、忘れ物をして学校で先生から注意されることになる。

子どもたちにとっては、これもパラダイムシフトのひとつだ。このような変化にうまく対応できないと、自信を失い、本当はできるはずのことができなくなってしまう。

先に紹介した神童君の場合も同様である。パラダイムシフトに対応できず、自信を失ってしまったのだ。

たとえば、それまでつるかめ算、旅人算、流水算と、完璧にマスターしてきた特殊算が、中学1年生になり、方程式であっという間に計算できるようになると、それを何のためらいもなく受け入れて対応できる生徒と、「今まであれだけ完璧にマスターしてきた特殊算を捨てなきゃいけないの？」「なんで塾では、こんなに楽に計算できる方程式を教えてくれなかったんだ」などと、いろいろこだわりを感じる生徒が出てくる。英語が正規科目となり、そこでは多くの子どもたちの間で横一線のスタートとなり、これまで主要4科目で築き上げてきたアドバンテージも、英語では使えない。

また、そもそもSAPIX各校舎のα1の生徒たちが集まってきたような中学では、生徒の間に、塾ほどは、ましてやそれまで通っていた小学校ほどの成績のバラつきはなく、高いレベルでギュウギュウ詰めの団子状態となる。そうすると、数点の差で一気に順位が大きく変動する。

このような環境変化＝パラダイムシフトにうまく対応できないと、自信を失い、そのままズルズル成績を落とすことが多いのだ。

今つまずいている自分の「現在地」を把握する

もっとも、神童君に勉強の才能がないかというと、全くそうではない。才能があふれているのに自信を失った、それがゆえに、一時的に成績が落ちているだけだ。

では、なぜ自信を取り戻せないのか。それは、失敗の経験が蓄積されていないからだ。
中学受験で成功する小学生には、以下の2つのパターンがある。

①頭が良くて、最初から上位クラスで、そのまま最難関中学に合格していく小学生

②本当は頭が良くなくて、試行錯誤、七転八倒、クラス落ちを何度も経験しながら、臥薪嘗胆、最後は最難関中学に合格していく小学生

最難関中学に合格する小学生のなかで、これは感覚値になってしまうが、①のセグメントの小学生が10％程度、②のセグメントの小学生が90％という割合だろう。最難関中学に最上位で合格する小学生は、①のセグメントに多い。しかし、パラダイムシフトについていけない小学生もまた、①のセグメントに多いのだ。

なぜならば、**彼らには失敗の経験が蓄積されていないがゆえに、「現在地」を見誤りやすい**からである。「できない自分」「負けている自分」という「現在地」が信じられず、認められないのである。

先に、「教わる力」を鍛えるということは、ナビゲーションシステムの5つのプロセス(49ページ図3参照)をきちんと行うことであると指摘した。その最初のプロセスが、「現在地の確認」である。「できない自分」「負けている自分」を認められないプライドというのもあるのだが、むしろ、「できない」「負けている」状態がなぜ起きているのかを理解できていないことのほうが多い。

「小学6年生のときに受けた早稲田アカデミーの開成中合否判定模試では8位だったのに、なんで今220位なんだ?」

「勉強法は別に変えていないし。授業もちゃんと聞いているし」

などと、頭のなかで「なぜ」が反芻される。イケていた小学生時代を思い出しながら、なぜ今つまずいているのか、つまずいた経験がないがゆえに、理解できないのである。

言いかえれば、新たな環境に入ったときに、自分の立ち位置=「現在地」を正確に把握する力が足りないがゆえに、現在地不明のナビゲーションになってしまうわけだ。

これは、神童君だけに起こることではない。甲子園で大活躍しドラフトで1位になった新人がキャンプでつまずき、なかなか一軍に上がれない、といった事例は枚挙にいとまがない。これは、その選手に才能がないわけではなく、アマチュアの世界からプロ野球の世界というパラダイムシフトに対応できず、自信を失っているのだ。（図４）

外資系コンサルティング会社にも、ＡＡ評価で内定をとり、鳴り物入りで入社する東京大学や京都大学の大学院生がいる。ここで謙虚に一から学んでいけばよいのだが、鳴り物入りで入ったことを鼻にかけて「自分はできる」と勘違いし、せっかくのマネジャーや先輩コンサルタントの教えも素直に受け取らないために、かえって成長が遅れる場合も多い。毎年１人２人は、こういうのが出てくる（笑）

そして、なかなか仕事ができるようにならないこと、自分よりも評価が低かった同期がどんどん仕事ができるようになることで、焦り、ふて腐れ、そのまま会社を辞めていく人、あるいは、会社内でくすぶり続ける人、ようやく反省し、プライドと戦いながらも気持ちを切り替えようとする人、いろいろだ。彼らも本当にもったいない。イケていた大学生時代を思い出しながら、なぜ今つまずいているのか、なかなか理解できないのである。

大学で優秀であることと、ビジネスで優秀であることは全くパラダイムが違う。だから、

図4

パラダイムシフトで現在地を見誤る

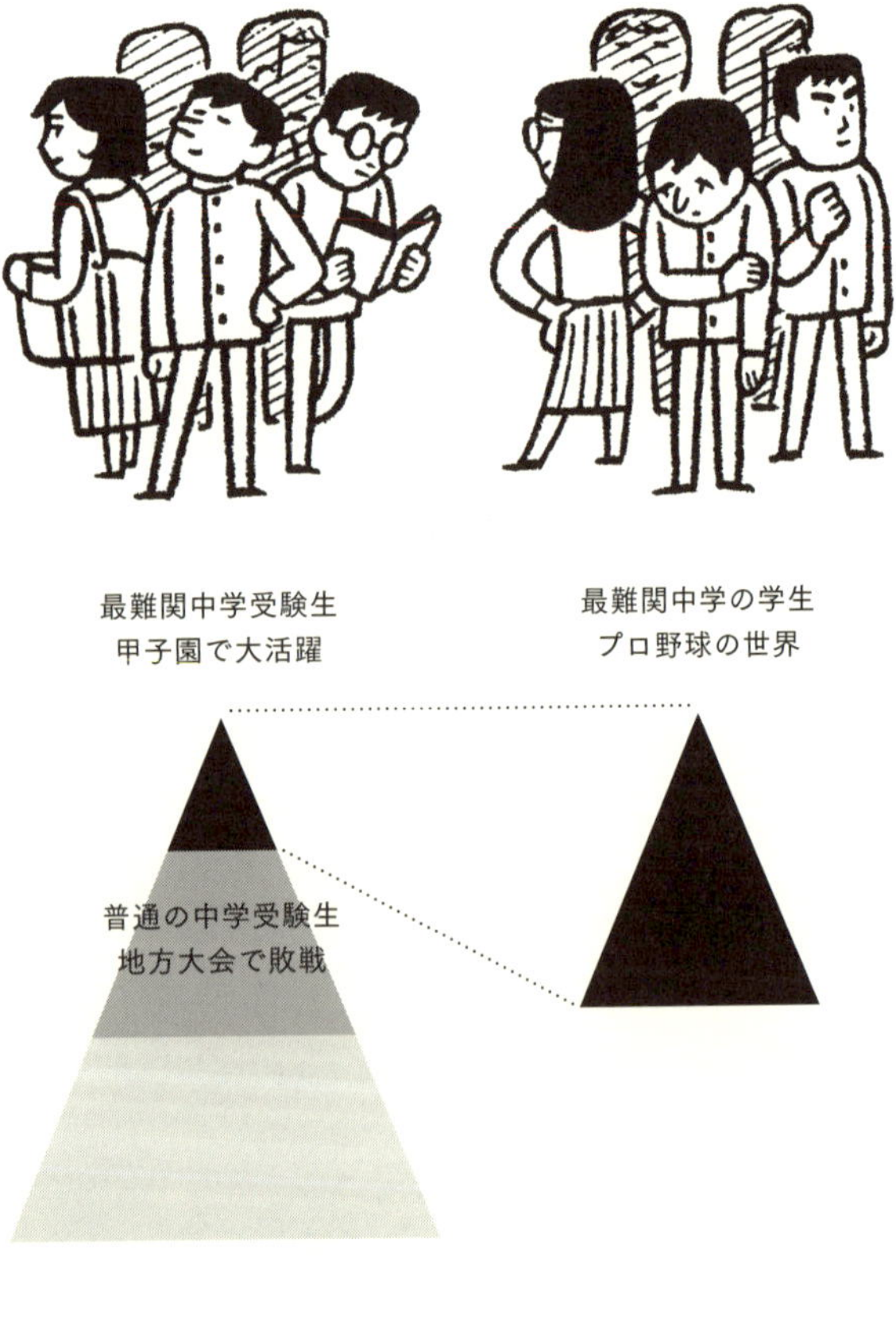

パラダイムシフトが起こると、これまでの実績はあまり関係なくなる。

彼らは、輝かしいこれまでの実績があるがゆえに、かえってパラダイムシフトに対応できなくなってしまったのである。

「出羽の守」になってはいけない

ＳＡＰＩＸ大規模校のα１、夏の甲子園で優勝投手、外資系コンサルティング会社ＡＡ内定のように、なまじ経験や実績があると、それに引きずられ、パラダイムシフトに対応できないことがある。

先に紹介した新卒で、伊藤忠商事からベンチャー企業に転職した一橋大法学部卒業の彼もそうだ。彼はベンチャー企業の業務プロセスを未熟なものと決めつけ、伊藤忠商事で確立された業務プロセスを導入しようと考えているが、こういう改革はほとんど失敗する。なぜなら、ベンチャー企業の組織能力に考えが及んでいないからだ。

それぞれの企業には、それぞれの業務プロセスがある。それは、それぞれの企業の組織能力に応じ、試行錯誤を経て確立されたものである。その経緯、組織能力を踏まえずに、新たな業務プロセスを導入しても、機能させるのは難しいだろう。現場は混乱し、彼は鳴り物入りで入った新マネジャーというポジションを早々に降ろされる可能性もある。

「出羽の守」という言葉をご存じだろうか。「ではのかみ」と読む。本来は東北地方の出羽の国を治める統治者のことをいうが、ここではそうではない。「海外事例では……」「MBA理論では……」「小売業では……」といって、何かにつけて他国、他業界、他企業事例を挙げて、対象となる事項を否定、批判しようとすることをいう。

他国事例、他企業事例が参考にならないわけではない。しかし先述したように、それぞれの企業、組織が抱える個別事情、組織能力を無視し、安易に他国事例、他企業事例を引き合いに出しても、それは参考にならない。むしろそうすることで、現状理解に障壁をつくってしまっている。

今回のケースでいえば、「伊藤忠商事では」と、全く事業形態、企業規模が違う組織に「出羽の守」論を用い、良かれと思って行っていることが全て裏目に出ている。むしろ、ベンチャー企業の現状を彼自身が「教わる」障壁となっている。

さきに挙げた神童君のケースも同様だ。方程式が出てきたときに、「ＳＡＰＩＸでは」つるかめ算だ、旅人算だ、とこれまでの経験や実績に引きずられて、新たな環境で「教わる力」を失っているのである。

ＭＢＡで講義を行っていると「出羽の守」のオンパレードである。バリューチェーン分析を行い、各ビジネスプロセスの強み弱み分析を行うと「流通業界では……」「弊社の場合では……」「鉄鋼業界上位企業では……」と個別事例のオンパレードで、学生たちは発表を続けてくる。

もちろん個別事例は存在するし、それぞれの業界・企業で重要な課題だろう。しかし、理論として原理原則を学び、そこからなぜ個別事例が起こるのかを学ばないと、ＭＢＡの講義から教わることは少ない。「教わる力」が弱いために、ＭＢＡで学ぶべきことを十分に学びきれていないのだ。

ある意味、彼らはとても真面目なのだともいえる。これまで蓄積してきた経験・実績をちゃんと活かそうと考えているわけだ。

しかし、新たな環境には、それぞれに確立されてきたオペレーション・プロセスがある。

仮に違和感を覚えようとも、**まずはその「パラダイム＝型」に馴染み、覚えることから始めなければ、その新たな環境で活躍することは難しい。**

真面目で完璧主義であるがゆえに、クリティカル・シンキングができない

先に紹介した日比谷高校3年生。駿台の第1回東大実戦模試はC判定だった。学校、平岡塾、河合塾とトリプルスクールで頑張る彼は、東京大学に合格できるのだろうか。

受験は受けてみないと何ともいえないので断言はできないが、僕は厳しいと考える。というのも、彼自身が「復習が手薄だよなぁ。頑張っている割に毎月の確認テストの結果がなかなか出ない」と言うように、手をひろげすぎて勉強内容が定着していないからだ。

受験勉強は、ひとつのプロジェクトである。プロジェクトとは、限りある資源、すなわち、人的資源・時間・コストのパフォーマンスを最適化し、目標を達成すること。受験勉強も、無限ではない限られた自分の能力、来春の入試日までという限られた時間、そして、無限には費やせないコストを勘案して、合格という目標を達成するプロジェクトである。※7

受験生は、受験勉強を行う際に、限りある資源をどう使うのかという、プロジェクトマネジャーの視点を持たなければならない。

ところが、日比谷高の彼の場合は、自分の能力・限られた時間という資源量をオーバーした勉強をしようとしている。気持ちはよくわかる。学校、平岡塾、河合塾、全部こなせば相当量の勉強になり、なんとなく成果＝合格に近づく気がするからだ。

しかし、限りある資源を超えるタスクは、どこかで破たんする。彼の場合も、学校の宿題や平岡塾の予習が手薄になったりする。一方、河合塾に通わず、平岡塾だけで頑張るライバルは、平岡塾の予習を完璧にこなす。そうすると、平岡塾でのパフォーマンスがライバルと比較すると落ち、次第に差をつけられていくことになる。

なぜこのようなことが起こるのか。それは、彼が「捨てる勇気」を持てないからだ。人間、できることには限りがある。だから、いろいろ魅力的なオプションがあっても、その

※７　このように考えると、ダイエットも夏休みの計画も海外旅行も、いずれもプロジェクトということになる。

なかから、できることだけを選ばなければならない。言いかえると、残りのオプションは捨てなければならない。しかし、「捨てる勇気」がなければ、「あれも！これも！」といって、いろいろ手を出してしまう。その結果、いずれも中途半端な結果になり、「二兎を追うものは一兎をも得ず」になってしまうのだ。

こういう心理状態になってしまうのは、次の2つの原因がある。**（図5）**

①クリティカル・シンキングができない

②サンクコストの意識を持つことができない

クリティカルとは、「重要な」という意味である。したがって、クリティカル・シンキングとは、問題を構造化し、そのなかで重要な要素を選び出すことだ。※8

「あれもやりたい、これもやりたい」と思う気持ちはよくわかる。しかし、限られた時間

※8　クリティカル・シンキングを、批判的思考と定義する場合もある。しかし、ここでいう批判とは、単純に否定や非難することではなく、ギリシャ語の語源どおり、判断する、決定するという意味である。したがって、重要な要素を選び出し、決定するという意味で、本書の定義と実質的には違いはない。

図5

「捨てる勇気」を持てない2つの原因

①クリティカル・シンキングができない

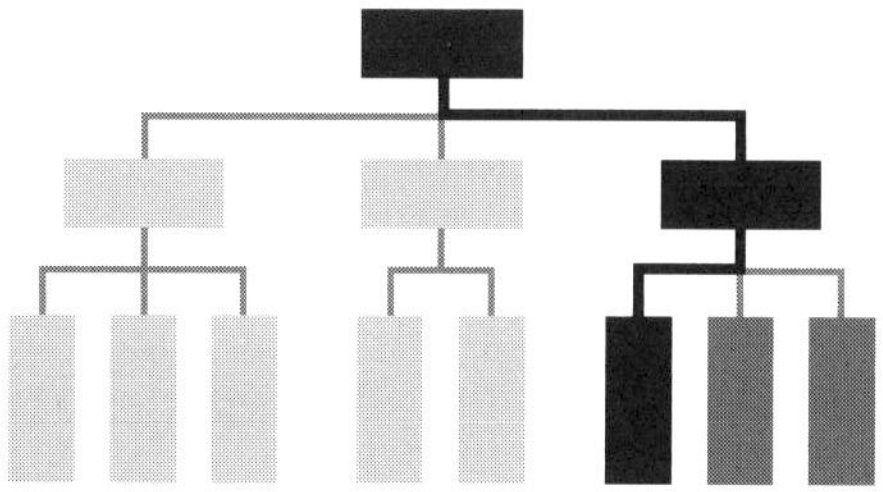

「目的地」に到着するために何が重要なのか判断することができない

②サンクコストの意識を持つことができない

一度始めたことをやめて次のアクションに移ることができない

と自分の能力とを勘案したら、やるべきことを選び出さなければならない。やるべきことは、今の自分にとって重要なこと。その選択ができないと、重要なことを効率的に「教わる」ことができないのだ。

かつて外資系コンサルティング会社で日本企業にコンサルティングを行っていたときも、同様の状況によく出くわした。たとえばエレクトロニクス企業が成長を目指す場合に、携帯電話事業、液晶画面事業、インバータ事業などのオプションがあったとする。そこで、多くの経営者は「全部やって大きな成長を狙おう」と言う。

しかし、人的資源には限りがあるし、時間にも予算にも限りがある。仮にすべての事業に経営資源を配分すると、いずれも手薄な配分になり、競合企業に対し競争力を持ちえない。だから、いずれの事業でも負ける可能性が高い。そう説明するのだが、「なんだと！新規事業を立ち上げようとしているのに、気合が足りないんじゃないか？　やる前から言い訳か？」などと言われることもあった。

経営戦略の定義にはいろいろな定義があるが、そのなかでも重要な定義は**「戦略とは、捨てること、言いかえれば、やらないことを決めること」**である。いくつもやりたいことはあるのだが、そこから取捨選択をし、「やらないことを決めること」。これが経営戦略であり、経営者の役割なのだ。

このように考えていくと、日比谷高3年の彼は、もう残り時間も少なくなってきている。だから、「やらないことを決め」、自分にとって重要なことを選び出し、集中することで、成績を上げていかなければならない。しかし、すでに取り組んでいることをやめるのは、なかなか踏ん切りがつかない。あきらめることができない。この気持ちもよくわかる。なぜ、このような気持ちになってしまうのか。それは、サンクコストの意識が足りないからだ。

サンクコストとは、日本語では埋没費用と訳される。事業や行為に投資した労力・資金のうち、事業や行為を撤退・縮小・中止しても戻ってこない投下労力・資金のことである。難しく感じるかもしれないが、たとえばこういうことだ。

ある日、映画を観にいった。チケット売り場で1800円のチケットを買い、劇場に入る。観始めたのだが、全然面白くない。さあ、どうする。「せっかく1800円払ったのだから、映画を観続けないと、チケット代が損だ！」と考えるのか、「こんな面白くない映画に、僕の貴重な時間を費やせない。だから1800円は損するが、残りの時間を有効活用して、損した1800円以上に価値のある時間を過ごそう！」と考えるのか。

ここで大半の人は1800円を「もったいない」と考える。これは目の前に1800円を支払ったという現実があるからだ。

一方、映画を観るのをやめて、その時間に別のことをするというのは、自分の行動次第で、有効になったりならなかったりする、リスクを伴った仮想の世界だ。だから大半の人は目の前の現実を優先する。しかし、人生を、今日の1日を、目の前の2時間を、二度と戻ってこない限られた時間だと考えると、判断基準は変わってくる。貴重な2時間を無駄にすることはできない。なので、1800円をサンクコストだと考え、「捨てる勇気」を持てるようになる。

日比谷高3年の彼は、共働きの両親が払っている塾の費用を気にかけていた。

「お父さんとお母さんが一生懸命働いて稼いでくれたお金で、僕は塾に行ける。だから、プリント1枚も無駄にすべきではない。それぞれの塾で出される宿題、プリントは多いけど、絶対に頑張ろう」

彼は真面目なのである。親想いなのである。すごく心優しい。でも、それが故に、サンクコストだと考えることができない。しかし、ここでじっくり考える必要がある。「プリント1枚も無駄にしないことで、両親は喜んでくれるのだろうか？」と。

両親が彼に望んでいることは、彼が来春大学に合格し、将来的に彼の夢を実現することである。彼の笑顔を待ち望んで、塾の費用を支払うべく、仕事を頑張っているのである。だから、彼がもし両親に恩返ししようと思うなら、両親の期待、すなわち、「来春の笑顔」がクリティカルな達成事項となる。そのためには、プリントを1枚も無駄にしないことではなく、多くのプリントを無駄にしても構わないので、合格すること、自分が笑顔で両親に合格の報告をすることがクリティカルになるのである。

ナビゲーションシステムでは、「現在地」と「目的地」を設定したら、複数のルート候補が出てくる。でも、そこで自分なりの優先順位を考え、どこかひとつのルートを選択するという判断をしなければならない。目的地へたどり着くまでに、全部のルートを走ることはできないし、試すこともできないのである。

あるルートを選ぶということは、残りのルートを捨てるということだ。そのためには、「自分の判断軸」を持たなければならない。では、どうすれば「自分の判断軸」を持てるのか。この論点は、また後の章でじっくりと検討していこう。

ものごとを修得する際の3つのステップ「知っている」「わかる」「できる」

中堅消費財メーカーの営業部門主任の彼は、スコア100切りを目指してレッスンプロからミニゴルフレッスンを受けている。毎回「目から鱗が落ちる」レッスン。開眼しまくり！　この調子でいけば、100切りも間近だと考えている。

準大手広告代理店の経営戦略室で事業企画を担当している彼女は、最近、友人からビジネス書の早朝読書会に誘われ、参加しはじめた。朝早くから読書会に参加すると、他の人より一歩リードしたような気分になり、充実感一杯になっている。

では、彼らは、ゴルフスコア100切りを達成できるだろうか。あるいは、読書会を通じてビジネススキルを身につけられるだろうか。

残念ながら、このままでは、100切りもビジネススキル習得も難しいだろう。

なぜか。理由は2つある。

①彼らはお客さんであり、「観客」に過ぎない。言いかえれば、「自分ごと」になっていない。彼らの感覚は「プレイヤー」ではなく、プレイを観る観客にとどまっているから。

②「わかる」ことは重要だが、「できる」ようになることがもっと重要であるということがわかっていない。言いかえればゴルフを練習するとき、あるいは、ビジネス書を読むときの目線が低いから。

ゴルフであれ、ビジネススキルであれ、受験勉強であれ、「教わる」際には、以下の3つの発展段階がある。（図6）

STEP1「知っている」→STEP2「わかる」→STEP3「できる」

STEP1の「知っている」とは、言いかえれば、「聞いたことがある」「見たことがある」という状態である。

たとえば「ブルーオーシャン戦略」という概念を、日経ビジネスで見たことはあったり、読書会で聞いたことはあったりするものの、それがどういう戦略なのかについては説明できない状態だ。

小学生と一緒に勉強していると、こういう状態によく出くわす。

「先週の社会では、京浜工業地帯について勉強したんだよね」

「そう！　知ってる、知ってる！　京浜工業地帯！」

「そうか。じゃあ、京葉工業地域との違いは？」

「えっ？」

「あれ？　京浜の京は『東京』の京、浜は『横浜』の浜。同じように京葉の京は『東京』の京、葉は『千葉』の葉。だから、そもそも場所が違うよね」

「知ってる！　知ってる！」

図6

教わる際の3つの発展段階

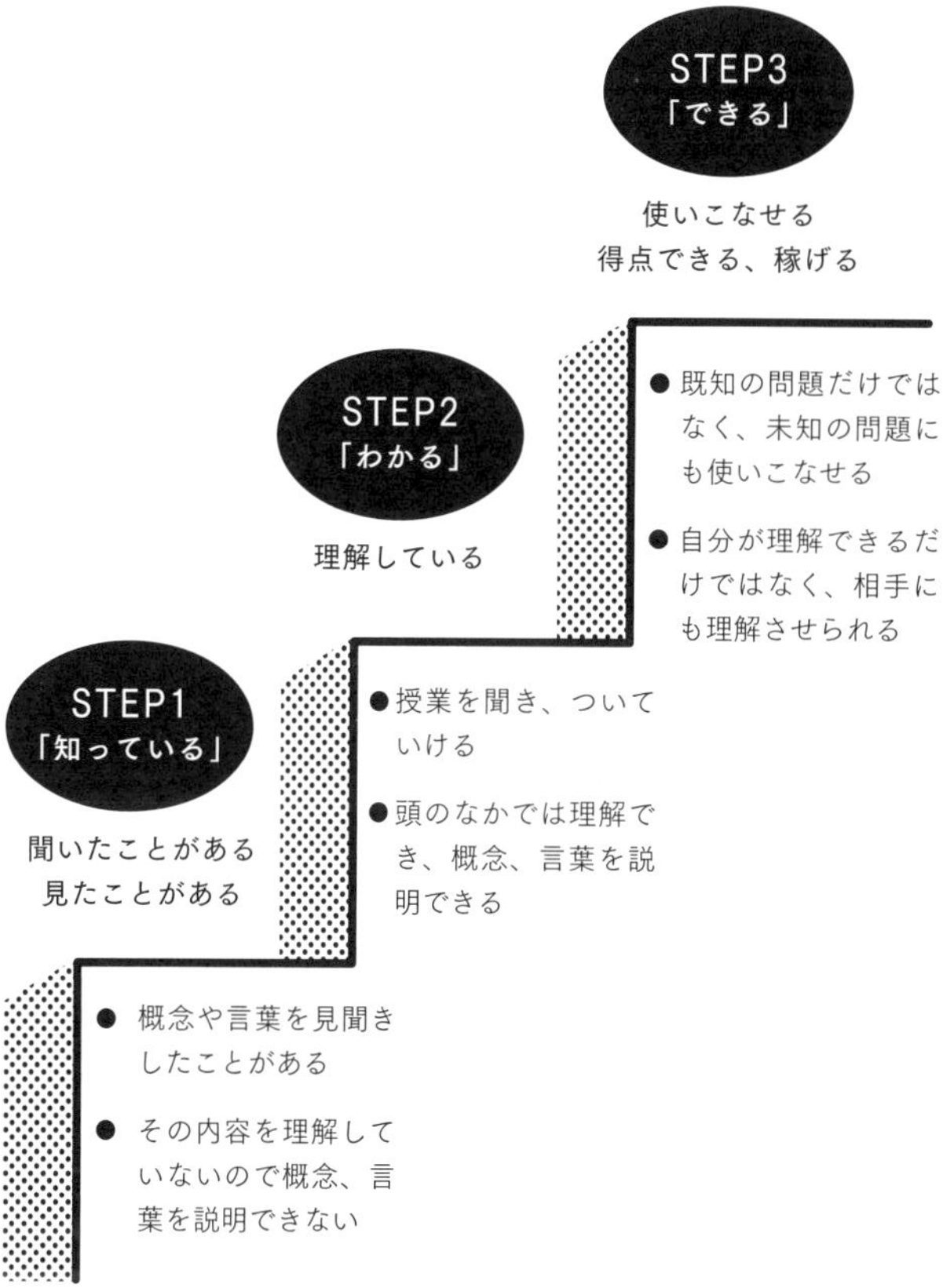
STEP3
「できる」
使いこなせる
得点できる、稼げる
●既知の問題だけではなく、未知の問題にも使いこなせる
●自分が理解できるだけではなく、相手にも理解させられる
STEP2
「わかる」
理解している
●授業を聞き、ついていける
●頭のなかでは理解でき、概念、言葉を説明できる
STEP1
「知っている」
聞いたことがある
見たことがある
●概念や言葉を見聞きしたことがある
●その内容を理解していないので概念、言葉を説明できない

「じゃあ、京浜工業地帯と北九州工業地帯の違いは？」

「えっ？」

京浜工業地帯という言葉を聞いたことがあっても、その特徴も内容も説明できない状態、これが「知っている」という状態なのである。

先に検討してきたパラダイムシフトでは、これがよく起こる。

小学校から中学校に進学した際、中学校から高校に進学した際、高校から大学に進学した際、大学から社会人になった際、それまで経験してきた学ぶ枠組みは、一度ゼロリセットされる。

小学校の算数は中学校では数学になり、つるかめ算や旅人算は使わなくなる。中学校の理科や社会は、高校では専門科目に分化される。高校では与えられた主要5教科を勉強していたのが、大学ではそもそも何を学ぶのかを自分で組み合わせる。大学までは読む勉強だったのだが、社会人では現場で学ぶ勉強になる。

つまり、**それまで行ってきた勉強の蓄積がそのまま移行されるのではなく、枠組みがゼロリセットされ、内容もゼロリセットされる部分がある**ということだ。だから、それまでいくら蓄積があっても、すごろくで振出しに戻るがごとく、「わかる」「できる」状態から、「知っている」状態に戻ってしまうのである。

「知っている」が「わかる」に変わったとき、目から鱗が落ちる快感を得られる

外資系コンサルティング会社で戦略コンサルティングを担当する場合、日本支社のブランニュー[※9]の大半は、東京大学大学院、京都大学大学院、東京大学、京都大学の卒業生である。それまでの受験の枠組みでいえば、うまくやってきた集団だ。

しかし、コンサルティングの現場に出されると、最初は「知っている」状態に持ってい

※9　1年目のコンサルタントのこと。真新しいという意味。

くので精一杯。先輩コンサルタントとクライアント企業の経営幹部とのミーティングに同席するのだが、話していることの10％も理解できない。なんとか日本語をしゃべっていること[※10]はわかるのだが、その内容は「宇宙語[※11]」である。

　だから、ブランニューのコンサルタントは、まず「知っている」状態に持っていくことに必死になる。議事録をとりながら、わからない概念・言葉を、会議終了後に一生懸命調べる。先輩コンサルタントに質問することもできない。先輩の時間単価は目が飛び出るほど高く、彼らの時間を無駄にはできない。質問でもすれば「自分で調べろ、能なし！」と怒鳴られるのが落ちだ。

　そして、ようやく「知っている」状態に持っていくことができたとしても、それは、会議中にやりとりされる言葉を「聞いたことがある」程度。その議論のなかで、何が問題で、何が重要なのかはさっぱりわからない。授業を受けていて、何が問題で、何が重要なのか瞬時にわかった小学時代、中学時代、高校時代、大学時代とは全く違う。全然ついていけない状態に、額に汗がにじむ。これが「知っている」という状態なのである。

　でも、このコンサルタントは成長できる。「教わる力」を鍛えることができる。なぜならば、「知っている」だけの状態ではまずいということを、額に脂汗をにじませながら認識することができたからだ。彼はこの経験を経て、次のステップである「わかる」や「できる」へ進むことができるだろう。

その一方で、「知っている」ことで満足する人もいる。「あ、それ知っている！」「聞いたことある！」。しかし、その人は「知っている」こと、「聞いたことがある」ことを理解できていない。もちろん使いこなせない。だから試験で得点できない。スキルにならない。だから稼げない。土俵に立てていないのだ。

STEP2の「わかる」とは、言いかえれば、「理解している」という状態だ。「知っている」状態では、見聞きしたことはあっても理解できていなかったことが、理解できる状態になる。「理解できる」「わかる」というのは、人間の本能として快感であり、「教わ

※10　英語のミーティングの場合もあり、英語力で苦しむブランニューも多い。
※11　「宇宙語」とは、外資系コンサルティング会社の造語で、定義や内容がさっぱりわからない言葉のこと。営業領域のコンサルティングばかりしていて研究開発領域のコンサルティングをすることになれば「宇宙語」だらけになるし、製薬業界のコンサルティングから金融業界のコンサルティングに移れば、やはり「宇宙語」だらけになる。

る」力を鍛えるときに、一番成長を感じる嬉しいときでもある。

先に紹介した外資系コンサルティング会社のブランニューの場合[※12]、秋ごろになると、クライアントの経営幹部とのミーティングで話されている内容が、まだ自分から何か提言はできないものの、理解できるようになってくる。「宇宙語」にしか聞こえなかった会議の内容が、しだいに日本語や英語になり、理解できるようになる。本当に嬉しい瞬間だ。この嬉しい瞬間こそが、「目から鱗が落ちる」瞬間である。それまでわからなかったことがわかるようになる。

スコア100切りを目指してレッスンプロからミニゴルフレッスンを受けていた彼。毎回レッスンで「目から鱗が落ち」まくっていた。開眼しまくり！だった。そりゃ、嬉しい。わからなかったことがわかるようになったんだから。

最近、企業説明会に参加するのが楽しくてたまらない、ただ今就職活動中の明治大学政治経済学部4年生の彼女も同様だ。説明会に出るうちに世の中の仕組みが徐々に見えてくると、「目から鱗が落ち」まくって、楽しくて仕方ないのだろう。
（しかし、それは頭のなかで「わかった」に過ぎない。それで就職活動の面接で気の利いた受け答えができるようになるわけではない）

「わかる」と「できる」の違いは、観客とプレイヤーの違いと同じ

ここまでご紹介してきたケースは、いずれもＳＴＥＰ２の「わかる」段階に過ぎない。**頭でわかったことが体に馴染み、使いこなせるようになるのは、ＳＴＥＰ３の「できる」段階だ。**

ＳＴＥＰ２とＳＴＥＰ３の違いは、言いかえると、「観客」と「プレイヤー」の差である。そこを甘く見積もると、ＳＴＥＰ３に上ることはできない。彼は、「この調子でいけば、１００切りも間近だ」と考えているが、これは甘い。だから、彼は「観客」のまま。

※12 外資系企業の場合、通年採用を行っていることが多いので、４月入社、５月入社、７月入社、９月入社など、同じブランニューでも入社のバリエーションが豊富。

「100切りできるゴルファー、スゴいなぁ」と夢想する「観客」のままだ。実際に100切りする「プレイヤー」にはなれないだろう。

STEP3の「できる」とは、言いかえれば、「使いこなせる」「得点できる」「稼げる」状態である。では、**「使いこなせる」とはどういう状態なのだろうか。それは、既知の問題だけではなく、未知の問題にも「学んだこと」を使える状態である。**

たとえば、算数の授業でダイヤグラムの問題を学ぶ。先生が説明した解法で、先生が出した問題を解ける状態、これは「わかる」だ。そして、数値を変えた類題を解いてみる。これも「わかる」状態。なぜならば、先生の説明が「理解できた」に過ぎないからだ。そして、条件が変わった初見の問題に、先生から教わった解法を当てはめて、試行錯誤しながら使ってみる、そして答えを得る。これが先生の教えを「使いこなした」状態、言いかえれば、「できる」状態なのである。だから「得点できる」。

先にご紹介した外資系コンサルタント1年生の場合、会議で話されている問題を「理解できる」状態、これが「わかる」状態だ。でも、その会議で話されている問題を理解できても、それを別の企業の問題解決の視点として活用することはできないし、その問題から、クライアントの経営幹部を感心させるような提言もできない。

しかし4年後、それまでに10以上の国内外企業の20以上の部門に対しコンサルティングを行ってきた彼は、自らクライアントとの会議をマネジメントし、問題を整理し、何がクリティカルな問題なのかを見極められるようになった。そして、経営幹部の目から鱗を落と「させる」提言をし、その外資系コンサルティング会社を代表するコンサルタントになるべく成長を続けている。これが「できる」状態だ。だから、「稼げる」。

「できる」ようになるための読書会の活用術

先にご紹介した、朝から読書会に参加している彼女は、他の人より一歩リードしたような気分になり、充実感で一杯になっている。しかし、読書会に参加することで満足していてはいけない。

確かに勉強会に参加すると、いろいろな人の考え方に触れることができる。

「同じ本を読んでいて、そういう解釈の仕方もあるのか！」

「その視点には気づかなかった！」

そういった視点の比較対象を得ること自体は悪いことではない。

しかし、自分の確固たる判断軸がなければ、単なる視点のサンプルが増えるだけ。

自分の確固たる判断軸があってはじめて、視点の比較対象との距離がわかり、何がクリティカルな視点なのかがわかるようになる。（図7）

だから、「できる」ようになるための読書会の活用には、以下の2つの方法がある。

①自分なりの判断軸ができてから、読書会に参加する

②自分が講義をする読書会に参加するようにする

まず①について。本を読むときに、1冊の本を読んだだけでは自分なりの判断軸はできない。比較対象がないからだ。**だから、自分なりの判断軸をつくるためには、同じトピックの本を複数読む必要がある。**

図7

自分の確固たる軸がないと、他の視点との距離がわからない

自分の判断軸がないと
いろいろな視点が存在するだけ

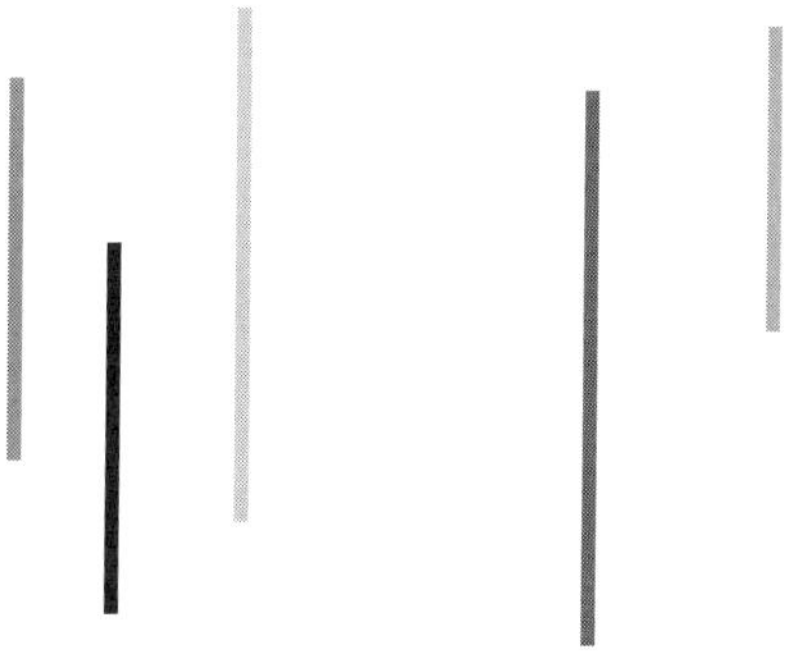

自分の判断軸があれば
距離がわかり比較できる

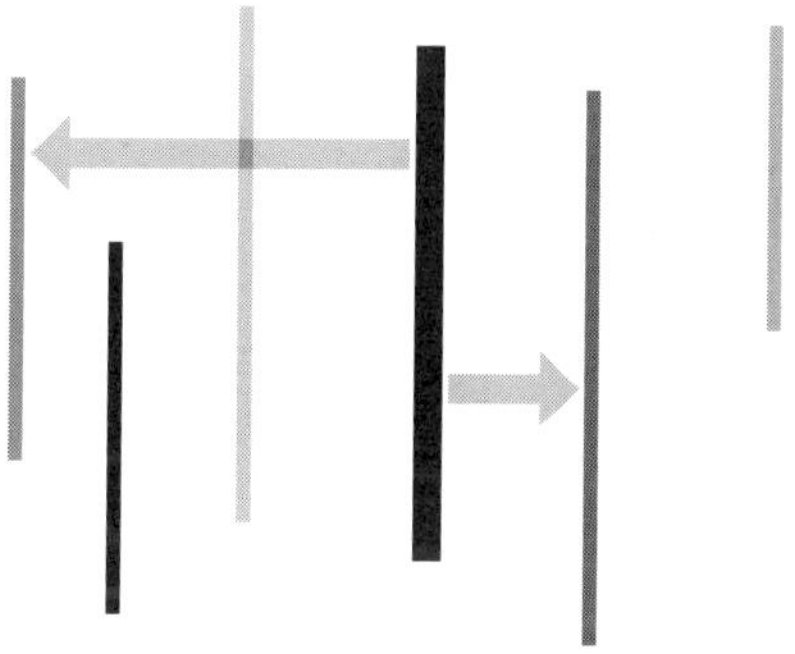

たとえば、ロジカル・シンキングに対して自分なりの判断軸をつくりたい場合、『ロジカル・シンキング』（東洋経済新報社）、『考える技術・書く技術』（ダイヤモンド社）、『ロジカル・プレゼンテーション』（英治出版）の3冊を用意する。そして、どの本でもよいので、ひととおりざっと読んでみる。この「ざっと」が重要で、精読する必要はない。ロジカル・シンキングってこういうものなんだと、ロジカル・シンキングの構成要素が大体つかめる程度でよい。

その後、残り2冊を同時に読み始める。同じトピックについて、たとえば帰納法の説明がそれぞれどう違うか？ピラミッドストラクチャーの作り方を、それぞれどう説明しているのかを「比較」する。重要なのは「比較」なので、最初から順番に読み進める必要はない。**あるトピックを選び出し、共通点と相違点を明らかにする**のだ。

そのうえで、自分だったら読書会で帰納法をどう説明するかを考える。『ロジカル・シンキング』共著者の岡田さんは帰納法をこう説明する。『考える技術・書く技術』著者のバーバラ・ミントはこう言う。でも、私ならこう考えて、こう説明する、と。

ここまで考えてから、読書会に参加する。すると、読書会で、いろいろ意見が出てきたとしても、そこで「目から鱗が落ちる」ことはない。すでに複数の本から自分なりの比較対象を持っているので、その距離感を測りながら参加者の意見を聞くことができるからだ。いろいろなサンプルがあるなかで、自分の考え方との距離感を考えながら、「この考え方は参考にできる、いやできない」と、読書会を活用していくのだ。

②についていえば、読書会には、参加者がテーブルを囲んで意見を交わす会もあれば、講師、ときには著者自らが本の内容を解説してくれる会もある。後者であれば、積極的に講師になり、**観客に自分の考えを説明する側に立つ**とよい。これにより、読書会を「観客」ではなく「プレイヤー」としての立場で使えるようになる。

73ページで述べた「彼らはお客さんであり、『観客』に過ぎない。言いかえれば、『自分ごと』になっていないからである。彼らの感覚は、『プレイヤー』ではなく、プレイを観る観客にとどまっている」というのを思い出してほしい。だから、このままでは、100切りもビジネススキル習得も難しいのだ。

プロ野球で時速150㎞の剛速球を打てるのは誰か？「観客」ではない。「プレイヤー」

であるプロ野球選手だ。「観客」はビールを飲みながら、「もっとしっかり振れ！」と野次をとばすだけだ。

読書会も同様で、他の参加者の意見を聞いているだけでは、「観客」に過ぎない。多くの参加者を目の前にして、講師として90分または120分を仕切れるようになると、読書会を十分に活用しきれているといえる。講師とは「教える」立場だが、**「教える」ことは「教わる力」を鍛える最善の機会である。**「教える」ために、必死に「教わる」からだ。

ある本をテーマに、参加者の意見も拾い上げながら90分を仕切るのは、結構難易度の高いタスクである。なので、講師は一度経験してみたらよいだろう。その本についての理解がグッと深まること請け合いだ。


いきなり講師は難しいというのであれば、90分散歩をしながら、自分で一人講義をするといい。たとえば、東京駅から新橋駅まで徒歩で往復90分。頭のなかで講義をしながら散歩する。そうやって脳内でずっと話をしていると、どこかでロジックが詰まるところがある。それが、ちゃんと理解できていないところ、腹に落ちていないところだ。だから、そこをもう一度読み直し、自分なりの説明の仕方を考える。そして、想定問答をする。頭の中で質問を受けつけ、それに対しどう答えるかを、何度も何度も、繰り返しシミュレーシヨンするのだ。

人から説明を聞いて、わかったというのは、「知っている」「わかる」レベル。自分が人に説明し、人が「わかった！」といって笑顔になってくれるのが「できる」レベルなのである（図8）。

このレベルの違いが肌に馴染んでくると、自分の頭で考えることができるようになり、「教わる力」がグッと鍛えられる。

図8

「知っている」「わかる」と「できる」の違い

	「知っている」「わかる」	「できる」
目から鱗	が「落ちる」側	を「落とす」側
立ち位置	観客（受動的）	プレイヤー（能動的）
イメージ		

column 1

Q 東京ガスの海外事業部で上流事業への投資検討を担当している29歳です。グロービスに通っていたこともあり、クリティカル・シンキングの重要性はわかるのですが、「やらないことを決める」ことが、なかなかできません。いざ「やめる」「捨てる」となると、経営レベルでの意思決定をすることの難しさを感じています。サンクコストの考え方は、日本企業にも適用できるのでしょうか?

2010年に発売された近藤麻理恵さんの『人生がときめく片づけの魔法』(サンマーク出版)は、世界で累計300万部のベストセラーになり、近藤さんは、米国TIME誌で、世界で最も影響力のある100人に選ばれています。

近藤さんの片づけは、ある意味、「捨てる技術」であり、部屋の片づけのみならず、経営上の「やめる」「捨てる」の意思決定にも応用できると僕は考えています。ここまで近藤さんの考え方が支持されるということは、日本人でも米国人でも、誰もがサンクコストを払い、せっかくやってきたこと、持っているものを捨てるのが本当に難しいということを意味しているのでしょう。

では、なぜサンクコストを払い、やっても意味のないことをやめることができないのでしょうか。もちろん「もったいない」「いつかはモノになるかもしれない」ということもあるのでしょうが、決定的な原因はこれです。

「誰かに迷惑をかけられない、かけたくない」

ある事業を行っているとき、それをやめるとなると、その事業の関係者に迷惑をかけることになります。

・その事業のお客様に迷惑をかける
・その事業に携わってきた自社の担当者の仕事をなくしてしまう
・その事業に協力してくれた自社の関係部門に迷惑をかける
・その事業に協力してくれた業者に迷惑をかける

その事業を頼りにしてきたお客様は、今後、製品やサービスを受け取れなくなって、他に調達先を探さなければなりません。その事業に携わってきた自社の担当者は、クビにするか配置転換をしなければなりません。事業は、社内のさまざまな部署の支えによって成り立つものであり、自社の関係部門にも迷惑をかけます。また、その事業を支えてくれた業者にも、発注量の変更が発生してしまいます。

先ほど、サンクコストを払うのが難しいことは日本人にも米国人にも違いはないと言いましたが、「迷惑をかける」ということに意識を強く持つのは、多くの日本人の特徴だと思います。**周囲に迷惑をかけたくないので、言いかえると、自分を悪く思われたくないので、サンクコストを払わない。なので、何かをやめる意思決定ができない**わけです。

外国人は、この割り切りが意外に上手です。

たとえば、子育て世代のビジネスパーソンは、育児休暇を自分に与えられた大切な権利だと考え、取得します。スウェーデンでは、男性の育児休暇の取得率は約80％です。これに対して日本では、男性の育児休暇の取得率が民間企業で2・63％、国家公務員では1・80％です。もちろん育児休暇を取得している間は、自分が所属している部門の上司や同僚に少なからず迷惑をかけるわけですが、外国人は、それをあまり気にしません。

ここで注意したいのは、外国人は「迷惑をかけても構わない」と考えているわけではないということです。そうではなく**「今は迷惑かけるけど、後で頑張って貢献するから、帳尻はプラスにするね」という発想**だということです。「組織にはちゃんと貢献する。しかし、今は、自分の大切な家族のために時間を使わせてもらう。そのため、迷惑をかけるが、よろしく」という考え方なわけです。

育児休暇とまではいわなくても、米国企業では金曜日の午後になると、オフィスは閑散とします。家族と過ごす大事な週末の準備があるからです。外資系コンサルティング会社にいたときには、金曜日の夕方に米国と会議を設定すると、すごく嫌がられました。会議よりも家族。

「Yukihiro、お前には迷惑をかけるが、その会議は月曜日にリスケしてくれ」と言われ、会議は延期になってしまいました。

当時は憤慨したものですが、これは、彼らがクリティカル・シンキングをできていることの表れです。自分にとって何が重要なのか、大切なのか、常に明らかになっているので、迷惑を顧みず、サンクコストを払えるわけです。

日本でも、成果を出す経営者はサンクコストを払うのが得意です。事業廃止の意思決定をするとき、成果を出す経営者はサンクコストを払うことを厭いません。それで恨まれることも、評判が落ちることもあります。しかし、それでもこう決意しているのです。

「ごめんな。迷惑かけて。恨まれるかもしれないし、嫌われるだろう。でも、仕方がない。僕らはこの会社を存続させなければならないし、今キツい判断をしても、これからこの会社がよくなるんだったら、それが経営者の選ぶ道だ。迷惑かけた分、絶対にこれからをよくしていこう」

周りに迷惑をかけることを厭うかぎり、サンクコストを払う意思決定はできません。「後でちゃんと帳尻をあわせるから、今は迷惑かけます」という決意ができて初めて、クリティカル・シンキングが機能し、サンクコストを払うことができるようになるわけです。そうすれば、日本企業にもサンクコストの考え方を適用できるようになるでしょう。

第2章

「教わる力」を鍛えると、「もったいない人」から、「成果と結果を出せる人」になる

第1章では、真面目に努力をしているのだが、なかなか成果につながらない「もったいない人」について、その原因を踏まえながら検討してきた。この人たちは、「教わる力」をまだ鍛えていない。すなわち、「教わる力」を鍛える「前」である。

第2章では、教わる力を鍛えた「後」を検討していく。「教わる力」を鍛えた人たちとは、どんな人であり、「教わる力」を鍛えることで、何をどのようにできるようになっているのだろうか。これからいろいろな「教わる力」を鍛えた人をご紹介する。第1章とあわせて、そのビフォア・アフターに注目してほしい。

「教わる力」を鍛えると、ビジネス書を60分で読み切れるようになる

外資系投資銀行アソシエイト※13（30歳）。東京大学経済学部卒業後、新卒で外資系コンサルティング会社に入り、スタンフォード大学でＭＢＡを取得。帰国後は外資系投資銀行へ転職。このままいけば、今年中にヴァイスプレジデント※14に昇進するだろう。大

阪と東京にクライアントを持ち、毎週新幹線で移動している。

移動中、パソコンで資料を作成することもあるが、大半はビジネス書を読む時間に費やしている。新幹線に乗っている約2時間30分＝150分で、大体ビジネス書3冊を読む。たとえば、こんな感じだ。東京から新大阪に向かう場合、名古屋までに2冊を読み切る。自分にしては少し遅いペースだが、名古屋からペースを上げ、3冊目へ。京都を過ぎ、大山崎の緑が見える頃には、すべてを読み切り下車の準備を始める。新大阪駅から道修町[※15]にあるクライアント企業へ向かうタクシーの中ではプレゼンの組み立てを考えている。先ほど読んだ3冊の比較から得た新たな視点が会議のアイスブレイクに役立ちそうだ。

※13、14　資系投資銀行のキャリアパスはおおむね、アナリスト↓アソシエイト↓ヴァイスプレジデント↓マネージング・ディレクターとなる。海外でMBAを取得すると、アソシエイトからスタートすることが多い。報酬水準は、外資系コンサルティング会社よりやや高く、20代後半のアソシエイトで2000万円〜4000万円。30代前半のヴァイスプレジデントで3000万円〜1億円。

※15　大阪の主要なビジネスエリアのひとつ。武田薬品工業、塩野義製薬、田辺三菱製薬が本社を構えている。江戸時代より清国やオランダから輸入した薬が道修町に集まったことから、製薬会社や薬品会社が多く立地している。

新幹線の車中でビジネス書を読んでいるビジネスパーソンは多い。しかし、彼らはどのくらいの時間をかけて1冊のビジネス書を読んでいるだろうか。

単行本のビジネス書は、一般的に200ページから300ページくらいのページ数がある。それを最初から最後まで丁寧に読むと3時間前後はかかる。東京から新大阪までの間読んでいても、まだ読み終わらないことも多い。

しかし、「教わる力」を鍛えた人は、ビジネス書を60分で、ときには30分くらいで読み終わる。だから、新大阪から東京までの間、ちょっと頑張ればビジネス書を5冊も読めるということになる。同じ時間を費やしても、「教わる力」を鍛えていないビジネスパーソンとはインプットの量が段違いである。その豊富なインプット量から得られる成果に相当な違いが出ることは、火を見るより明らかだろう。

では、なぜ「教わる力」を鍛えた人は、ビジネス書をそれほど速いスピードで読むことができるのだろうか。

彼らは、別に速読ができるわけではない。フォトリーディングなどさまざまな速読術があるが、彼らの読むスピードはまったく普通だ。したがって、**違いは読むスピードではない。1冊あたりの読む分量にある。**

彼らは、ビジネス書を手に取ったとき、全部を読もうとは考えていない。必要なところだけを読もうと考えているのだ。著者からしてみれば、失礼な話にも聞こえる。一生懸命文章を書いているのに、全部読んでもらえないのだから。しかし、読者にとってみれば、その人その人で、必要なコンテンツは違う。だから、自分にとって不要なところは読まないわけだ。

彼らは、読まないところを決めるために、まず「まえがき」をきちんと読む。「まえがき」には、本書を書いた動機、本書で伝えたいことは何なのか、本書の構成がどうなっているのかが、著者の想いと共に書いてあるからだ。だから、「まえがき」は読み飛ばさない。じっくり読む。

そのうえで、目次を、力を入れて本気で熟読する。ビジネス書を読む人には、「まえがき」を読んだ後、目次はパラパラとめくるだけで、すぐに第1章を読み始める人が多い。これは決して悪いことではないのだが、著者の言いたいことが終わるまで、すなわち、そのビジネス書を読み終わるまで、構成や結論が見えてこない。

「教わる力」を鍛えた人は、著者の結論をまず探す。そして、その結論が得られるまでに、著者がどういうロジックで考えてきたのかを、目次の小見出しから読み取っていく。そして、そのときの自分に必要な、自分が読むべきところを吟味する。そして、その部分に付箋を貼ったり、サインペンやボールペンで印をつけたりする。その後、その部分だけを読んでいくのだ。※16

もちろん、この方法を採ると、本文を読めば本当は自分に役に立つコンテンツだったところを見逃す可能性がある。しかし、気にしない。※17 重視するのは、あくまで、速く読み終えること。※18 そうすることで、仮に自分の役に立つことが書いてある箇所を見逃したとしても、数多く本を読んでいれば、また別のかたちで、その内容に出合うことができるだろうと信じている。

こうすれば、30〜60分で1冊読み終えることができる。そして、「教わる力」を鍛えた人は、続けざまに同分野の2冊目の本を30〜60分で読む。これもまた同じ方法で、だ。そうすることで、彼らの脳みそのなかで比較対象ができる。

「1冊目の本は、この問題に対しAという見解だったが、2冊目の本は、同じ問題に対し

Bという見解だ」

このような比較対象ができれば、彼ら自身の見解や立場を決めることができるようになる。こうなると強い。自分の見解や立場ができたうえで、3冊目の本を読めるからだ。自分の見解を補強する部分、自分の見解とは違う立場の部分だけを読んで、そのあとは、自分の見解の妥当性を考えることに時間を豊富に使うことができる。

新大阪から東京まで、同じ2時間30分を読書に費やしても、1冊のビジネス書すら読み終わらなかった人、複数のビジネス書を比較することで、自分の見解を補強できた人、その違いは大きい。

※16　ボールペンで印をつけたり付箋を貼ったりするので、電子書籍ではなく紙の書籍を読むことが多い。そのため荷物が重くなりがちだ。彼らがキャスター付きブリーフケースを好むのは、こういうところにも理由がある。

※17　サンクコストの意識が強く、「もったいない」と考えない。

※18　自分にとって何がクリティカルなのかを、常に意識している。

「教わる力」を鍛えた人にとって、読書の目的は読書ではない。自分の見解、言いかえれば、判断軸をつくることである。精読することが目的ではなく、次のプレゼンに活かすこと、ビジネスに活かすことが目的である。

だから、自分の判断軸をつくるために、読書をするときに取捨選択を大胆にできる。その結果、読書の生産性を飛躍的に向上させることができるのだ。

「教わる力」を鍛えると、上司の求めていることに応えることができ、評価が上がる

外資系コンサルティング会社パートナー（32歳）。青山学院大学経営学部卒。同期で一番の出世頭。東京大学大学院や京都大学大学院を出て、鳴り物入りで入ってきた同期のなかから最初のパートナー（共同経営者）が出ると思われていたが、今年パートナーに昇進したのは、彼だけ。当時新卒で入社した私立大学生は、早稲田大学、慶應義塾大学以外では彼だけだった。その頃から、「彼はなぜ入社できたんだ?」という声が飛び交ったが、その後も順調にポジションを上げ、とうとう同期のなかでトップの昇進を果た

した。クライアントからは、「いろいろなコンサルタントがいるが、彼といるときが一番気が楽だ」という評判だ。

外資系コンサルティング会社は完全に成果主義なので、組織から評価されるかどうかで、昇進スピードにものすごい差が生じる。優秀なコンサルタントは、入社数年でマネジャーに昇格し、さらに数年でパートナー（共同経営者）に昇進する。逆に組織から評価されないコンサルタントは、ずっとコンサルタントのままで、いずれ会社を去ることになる。

ハーバード大学経営大学院でMBAの講義を受けているとき、成果を出す学生と成果をなかなか出せず苦労する学生の両方を、僕は見てきた。前者は、授業中に教授陣と対等に議論ができ、それが十分な準備に基づいていることがよくわかる。一方で、十分な議論ができず、授業の成績で下位15％に位置する「3」をつけられる学生もいる。連続する2学期において「3」を合計5個以上とると、退学の対象となる。

このように、外資系コンサルティング会社で組織から評価されないコンサルタントや、ハーバード大学経営大学院のMBAでなかなか成果を出せない学生は、しかし、決して能力が劣っているわけではない。外資系コンサルティング会社に入るためには、非常にタフなコミュニケーションを課される面接を何度もクリアしなければならないし、ハーバード大学の入試は、東京大学の入試以上に難関であるからだ。

では、なぜ彼らは評価されず、成果を出せないのだろうか。

それは、相手の求めていることを理解していないからである。基本的に優秀な人材なので、アウトプット能力は、誰もが同じように極めて優れている。なので、ここではほとんど差がつかない。

差がつくのは、「聞く力」だ。相手が求めていることが何なのかを真剣に考え、相手が求めていることにドンピシャで応えるコンサルタントは、コミュニケーションの相手である上司からもクライアントからも喜ばれ、評価が高くなる。

「教わる力」を鍛えると、**「応える」ことよりも「何に応えなければならないのかを把握する」ことのほうが重要**だということがわかるようになる。

成果や結果を評価する人は、自分自身ではない。コミュニケーションの相手である。だとしたら、一番大事なことは何なのか？それは、相手の期待に、相手の求めていることに応えることである。相手のリクエストに応えることで、評価は高くなる。たとえば、こういうことだ。

・試験問題の出題者の意図を理解し応えることができれば、試験の点数は高くなる
・クライアントのニーズを理解し応えることができれば、クライアントに喜ばれ、信頼される
・上司の依頼を理解し応えることができれば、上司に評価される

同じような能力を持っている人たちの間で、なぜ評価に差が出るのか。それは「何に応えなければならないのかを、どれだけ正確に把握できているか」に違いがあるからだ。

評価されない人は、「応える」ことに力を注ぎすぎていることが多い。自分のアウトプット力に自信があるのかもしれない。先にご紹介した外資系コンサルティング会社では、東京大学や京都大学の大学院を卒業し、鳴り物入りで入社してきたコンサルタントが、同期で最初にパートナーになることはできなかった。なぜか。自分のアウトプットにこだわ

り過ぎたからである。彼らは優秀であるがゆえに、相手の求めていることを、蔑ろにしているわけではないが、つかみ損ねた。

いくら高品質ですぐれたアウトプットだったとしても、相手の求めていることでなければ、それは無価値である。上司には「俺が依頼したことは、そんなことではない！」と言われ、ハーバード大学の教授からは、50ページ書き上げたレポートに「3」評価を受けることになるだろう。本当にもったいない。

「教わる力」を鍛えると、自分のアウトプット能力を披露することに喜びを感じなくなる。コミュニケーションの相手が求めていることと、自分のアウトプットをマッチングさせることに喜びを感じるようになるからだ。だから、「教わる力」を鍛えると、上司の求めていることに応えられ、評価が上がるのである。

先にご紹介したコンサルタントのクライアントからの評価は「彼といるときが一番気が楽だ」という評価である。なぜか。彼は、常にコミュニケーションの相手が求めていることと、自分のアウトプットをマッチングさせることを意識していたからだ。コミュニケーションの相手が一つひとつ説明しなくても、彼は相手が求めているものを察知する。そして、求めていることに応えてくれるのである。相手からしてみれば、こんなに気が楽なことはないだろう。

「教わる力」を鍛えると、相手のリクエストに応えることの重要性がわかる。だから、相手からの評価は高くなるのだ。

「教わる力」を鍛えると、模擬試験の偏差値が20上がる

この春に筑波大学附属高を卒業。筑波大学附属小からずっと内部進学。中学までは学年でも上位にいたが、高校で外部から入ってきた新入生のレベルが高かったことと、パラダイムシフトに適応できなかったことから、高1の1学期の期末テストで、学内の偏差値が53。自信を失い、勉強意欲を失ってしまった。その後、つるべ落としのように成績が凋落。高2の夏休み明けのテストでは、学内の偏差値が38。

失意のなか、彼はある勉強本に出合う。そして、勉強の仕方を復習主義から予習主義に変えることを決意。徐々に成績を伸ばし、高3春の学内模試では、偏差値55。そこから勉

強方法を再び復習主義に。そして、高3秋の学内模試で偏差値66。翌春の入試では見事に、東京大学文科Ⅰ類に現役合格した。

模擬試験の偏差値が20上がるということは、偏差値30が50に上がる、40が60に上がるとか、60が80に上がるということである。「本当か?」と思われるかもしれないが、「教わる力」を鍛えれば、偏差値を20上げることは無理な話ではない。

ベストセラーとなった『学年ビリのギャルが1年で偏差値を40上げて慶應大学に現役合格した話』(KADOKAWA/アスキー・メディアワークス)では偏差値を40上げているが、僕からしてみれば、「教わる力」を鍛えれば、それも十分に可能だと考えている。

では、なぜ「教わる力」を鍛えると、模擬試験の偏差値が20上がるのだろうか。その検討をする前に、ここでセグメントを大きく2つに分けたい。

ひとつは偏差値55未満のセグメントと、偏差値55以上のセグメントだ。ご存じのとおり、偏差値は母集団に対する自分のポジションを意味するが、これはどの母集団で考えてもよい。公立小学校に通っていて一般的な業者のテストで偏差値55未満でもよいし、開成高校や灘高校の学期末試験の偏差値55未満でもよい。いずれにしても偏差値55未満とは、こういうことだ。

偏差値55未満の彼らは、授業で活躍できない

先生から質問されたとき、クラスの中で真ん中より少し上、偏差値55以上であれば、クラスの半分以上がわからないことでも手を挙げられる。そうすると、指名される確率が上がる。指名されて答えられると、活躍している感覚を得られる。とても気分が良い。気分が良いと、授業を集中して受けられる。だから、授業内容がわかる。授業についていける。

一方、偏差値55未満では、授業を聞いていてわからないことが結構ある。算数・数学でも、国語でも、理科でもよい。ところどころはわかるし、手を挙げられるのだが、説明を聞いても理解できないこともある。手を挙げられるチャンスがあっても、クラスの半分以上が手を挙げている。だから、なかなか指名されない。授業を受けているのだが、授業に参加している感覚はそれほど得られない。授業についていくので精一杯になる。

偏差値45未満になると、わからないことがかなり出てくる。だから、授業を聞いていて

も面白くない。先生から質問されても、手を挙げられないことが多い。すると、授業に参加している感覚がかなり薄れてくる。集中して授業を受けられなくなり、だんだん授業とは違うことを考えはじめる。そして、授業についていけなくなる。

偏差値35未満になると、授業で話されている言葉自体が「宇宙語」になる。いや、先生は日本語を話しているのだが、その意味するところがわからない。こうなると、授業を受けている45分または90分は、理解できない「呪文」や「お経」を聞いているだけの時間になる。もちろん、手を挙げて発言することなどできず、疎外感だけを味わうことになる。当然、授業にはついていけない。

では、こういう状況をどうやって脱出していけばよいか。実は、それほど難しい話ではない。彼らが授業で活躍できる機会を、少しでも増やすことができれば、こういう状況を脱出できる。だから、徹底的に「予習」する。**「復習」より「予習」なのだ。**

アマゾンの教育・学参・受験で「復習」を検索すると２０２１冊ヒットする。一方「予習」は３１４冊のヒット[※19]。世間の主流は、復習主義だ。でも、それを信じてはいけない。**復習主義は、偏差値55以上には役に立つが、偏差値55未満には役に立ちにくい**からだ。

どういうことかというと、偏差値55未満は、授業で理解できないことが多い。だから、復習しようとすると膨大な時間がかかる。90分の授業をちゃんと復習しようとすると、180分かかる。１科目180分復習していると、他の科目に手が回らなくなる。つまり、復習しても、それすらどんどん後手に回るわけだ。

さらに、肝心の授業では相変わらず活躍できないから、授業で吸収できることが少なく、再び膨大な時間を復習に費やすことになる。こういう勉強は、辛いだけだ。だから、偏差値55未満に復習主義は向いていない。

そこで、徹底的に予習主義でいく。次回の授業内容をあらかじめ先取りする。問題演習が課されているなら、あらかじめやっておく。解答があるなら、解答を読んでおいて、答えを覚えてしまうくらい反復繰り返しで、解きまくる。[※20] 教科書ガイド、教科書準拠問題集、

※19　２０１５年５月７日、著者調べ。
※20　最初のうちは解くことすらできないかもしれない。ただ答えを覚えておくだけでもよい。とにかく授業で手を挙げられること、指名されて答えて自信を持つことが重要である。

なんでもよい。授業の前にやってしまう。そして、授業に臨む。

そうしていると、「宇宙語」が、日本語として理解できるようになってくる。先生が何を説明しているのか、少しずつでもわかるようになる。全く手を挙げられなかったのが、次第に手を挙げられるようになる。1回でも2回でもよい。指名されて答える。正解する。体中にアドレナリンが駆けめぐる。この興奮が、やる気だ。

やる気が出ると、授業への参加意識が生まれる。そうすると、45分や90分の授業時間を無駄にしなくなる。このサイクルをつくりあげることこそが、偏差値55未満の「教わる力」の鍛え方だ。[※21]

大切なのは、小さな成功体験を積み続けることである。小さな成功体験の積み上げが、小さな自信の積み上げにつながる。小さな自信を積み上げれば、やる気が出る。やる気が出れば、頑張るための良いサイクルが生まれる。

開成高校や灘高校にも落ちこぼれが存在する。不思議な話だ。彼らは小学時代、神童であり天才であり、ヒーローだったのに。では、彼らの才能は開成中や灘中に入学後、潰えてしまったのだろうか。そうではない。たまたまどこかでつまずいて、自信を失っているに過ぎない。彼らは、相変わらず神童であり、天才であり、ヒーロー予備軍だ。開成高や灘高という母集団で偏差値55未満となり、授業で活躍する機会を失い、自信を喪失しているに過ぎないのである。

だから、自信を復活させるきっかけをつくることができれば、彼らの「教わる力」は常人以上に、飛躍的に復活する。

では、なぜ勉強本でも、難関中向け受験塾でも、復習主義を唱えるのか？

まず、勉強本が復習主義を唱えるのは、著者の多くが偏差値55以上だったからだ。だから、彼らは偏差値55以上のセグメントに向いている復習主義で成果を出してきた。その経験則に基づき、復習主義を唱えるのである。

次に、難関中向け受験塾に通う大半の小学生は、優秀な偏差値55以上の小学生であるからだ。彼らに予習をさせるとどうなるのか。授業を始めた途端、

※21 では復習はどうするのかという疑問があるだろうが、復習はやる気が出た後でよい。まずは自信とやる気を持たせることが重要である。

「先生、それ知ってる！　僕、解ける！　チョー簡単！」

「私も解ける。そんなの5年生でやったし！　もっと難しいこと教えてよ、先生！」

となり、授業をとてもやりにくくなる。なので、いきなり初見の問題を出し、優秀な小学生でも容易に「それ知ってる！」と言えないようにしているのである。もちろん初見の問題に対する問題解決能力を高めたいということはあるのだが、復習主義の根本的な趣旨は、「チョー簡単！」と小学生に言わせないことだ。


でも、そのような難関中学向け受験塾の事情を差し引いても、偏差値55以上のセグメントには、復習主義が成果につながる。なぜなのだろうか。今から検討していこう。

偏差値60も70も80も、優秀であることには違いがない。というか、勉強ができるという素質について、それほど違いはない。素質に違いがないので、偏差値60の小学生が偏差値80へ上がることも可能なのである。

では、何が偏差値60と70と80を分けるのか、それは、根性とプライドだ。難関中学合格でも難関大学合格でもよいが、**自分が成果を出そうとするときに、どこまで自分の成果にプライドを持ち、その成果を達成するために根性で頑張り続けられるか**である。

成果を出すためには、無味乾燥でつまらないことをしなければならない。東京大や京都大の入試問題は深い思考力を試す問題が多いが、だからといって、思考力だけを鍛えればよいわけではない。思考する以前に、土台となる知識が必要となるのだ。

英単語を数千語覚えるという無味乾燥な作業、漢字を覚え、四字熟語を覚え、ことわざ・慣用句を覚え、古典の文法を覚えるというつまらない作業。地理では地名、山脈、河川、平野を覚える。歴史では年号や人物名を覚える。全部、それだけでは、無味乾燥なつまらない作業だ。でも、その成果にプライドを持ち、目標を達成するために根性で頑張り続けられるかどうかで、偏差値60、70、80の差が開く。

偏差値80のセグメントは、無味乾燥なつまらない作業を、たとえつまらなくても、完璧にするためにプライドを持って続けられる。偏差値が高くなれば高くなるほど、薄皮のような差で偏差値が大きく変動する。**他の人が努力し切れないところを、指一本の執念で頑張り続けることで差が生じる。**

米国メジャーリーガーのイチロー選手は、高校生の頃、愛知を代表する名門愛工大名電高で甲子園を目指していた。野球偏差値でいえば、難関校である。優秀な選手に囲まれながら、イチロー選手は、指一本の執念で成果をつかもうと努力を続けた。

寮生活を続けるなか、彼は、周囲の優秀な選手が眠った後、最低10分間の素振りを毎日行った。365日休まず、3年間である。イチロー選手の先輩談によれば、最低10分というのはボトムラインであり、やり続けると1時間でも2時間でも続けていたという。

周囲の優秀な選手が「まあ、このくらいでいいだろう」と、練習を終えてから、365日、3年間、指一本の執念でさらに頑張り、成果をつかもうとする。これが偏差値60や70と、80との差である。

イチロー選手は、このように述べている。

「心を鍛えるっていうのは、自分の必要なことを続ける努力をすることなんじゃないんですか」※22

先に述べたとおり、偏差値60も70も80も、みんな勉強をできる頭を持っている。素質を持っている。そこには大した差はない。差があるのは、プライドと根性だけだ。復習主義で、学んだことをマスターしようとする姿勢には差がないのだが、それをどこまで完璧にするのかに、プライドと根性の差が生じるのだ。

偏差値55以上のセグメントは、授業で議論の前提となる知識が、十分かどうかは別として、議論を成立させられるくらいは身についている。だから、復習主義でよい。授業で初見の問題に対して、それまで身につけた知識をフル稼働させて議論にチャレンジしていくといい。その途中でたいてい負けてしまう。なぜなら、それでもまだ足りない知識がたくさんあるからだ。

負けた悔しさをモチベーションにして、復習をすればよい。そこで、プライドと根性があれば、復習主義で、成績はどんどん向上していく。

ただし、中学受験も大学受験もレースである。なので、自分が頑張っただけで勝てるわけではなく、指一本の執念で成果をつかもうとしないと、相対的に図抜けることはできな

※22　「致知」2015年3月号

い。常に、ライバルの努力の量を把握して、それ以上に努力しなければならない。それができれば、偏差値を20上げることは、決して難しいことではない。

「教わる力」を鍛えると、ゴルフで100を切り、ゴルフが楽しくなる

青山学院大学で経営学を教える准教授（38歳）。外資系コンサルティング会社から、2年前にアカデミズムの世界に転身。外資系コンサルティング会社時代からゴルフをしていたのだが、なかなか100を切れなかった。しかし、アカデミズムの世界に転身し、自由な時間が増えたことを機に、本格的にゴルフに取り組みだした。レッスン・オブ・ザ・イヤーのプロゴルファーに師事し、レッスンを受け、自宅マンション内にあるゴルフレンジで、練習も欠かさない。次第に上達し、練習場では「シングル間近」とまで言われるようになった。にもかかわらず、コースに出るとスコアは冴えない。その原因は、場数の少なさだった。練習場ではリラックスしてスイングできていたのだが、コースに出ると緊張する。身体がガチガチになって、普段のスイングが全然できていなかったのだ。

そこで、練習場とコースに出る割合を大きく変えた。本番であるコースに身体と心を馴染ませるようにしたのだ。その結果、次第に練習場とコースでのギャップがなくなり、練習場で出しているパフォーマンスをコースでも出せるようになった。そうして100を切り、その後も順調にスコアを縮めている。

ビジネススキルの習得、受験勉強、ゴルフの100切りに共通することがある。それは、以下の3要素を満たせば、目標を実現できるということだ。

「正しい努力の方向性の発見」×「事前の練習量の確保」×「場数を踏むこと」

「教わる力」を鍛えた人は、スキル習得だけでなく、**「どうやってスキルを習得するか」という方法の確立にこそ、力を注ぐ。**スキルを最短距離で、労力をかけず習得したいからだ。そのために、正しい努力の方向性の発見に力を注ぐ。

ゴルフの場合は、プレーンスイングの再現性を高める方法を明らかにすることなのだが、これは自助努力では難しく、レッスンプロに依頼することが多い。ビジネスパーソンは忙しいので、週末に練習場に行き、そこでレッスンプロからレッスンを受けることが多いが、「あのプロは僕には合わない」「このプロの理論は、僕の考え方と違う」と言い、ころころレッスンプロを変える人がいる。そういう人は、だいたい100を切れないか、切れるようになるまで時間がかかる。

というのも、レッスンプロの考え方でスイングの改善を一気通貫させるまでに、違うプロに移ってしまうからだ。

ゴルフのスイングは、数回プロのレッスンを受けたくらいでは簡単に改善しない。だから、**あるプロからレッスンを受けるのであれば、彼の考えるレッスンプログラムを終了するまでは、成果が出ようと出まいと、そのプロを変えるべきではない。**

「教わる力」を鍛えた人は、これがわかっているので、コーチングプログラムが終わるまで、仮に成果が出なくても我慢ができる。レッスンプロからスイングの改善を一気通貫してもらうと、成果が出る確率は、途中でレッスンプロを変える場合よりも高くなり、その結果、100を切れる確率も高まるのだ。

また、「教わる力」を鍛えた人は、**反復練習の重要性**を痛いほどわかっている。経営戦略やマーケティング、ロジカル・シンキングなどのビジネス書を読み、「なるほど！ 勉強になった！ わかった！ わかった！」と言うビジネスパーソンは非常に多いが、そこから教わった知識を反復練習し、使いこなせるようになる人は非常に少ない。だから、何冊ビジネス書を読んでも、ビジネススキルをなかなか習得できない。

ゴルフのプレーンスイングも同様で、週末に練習場でレッスンプロからプレーンスイングを教わり、スイングが改善されても、その後仕事が忙しく全然練習の時間をとれないということがよくある。そうするとせっかく改善されたスイングが体に馴染まず、元の木阿弥で、以前のスイングに戻ってしまう。

だから、教わる力を鍛えた人は、反復練習をする。自宅に帰った後、毎日15分でも時間があれば、グリップを握り腰の高さまででもよいので、スイングのチェックをする。反復練習というと「汗を流しながら何時間も……」というイメージを持つかもしれないがそうではない。体に馴染ませる＝忘れないことが目的なので、15分でも十分なのである。ただし、毎日だ。

ここまでは、青山学院大学准教授の彼もできていたのだが、次のステップである場数を踏むことでつまずいていた。

練習とは本番のためにするものである。受験勉強でも、やみくもに問題集を解くことに集中してしまい、制限時間内に易しい問題から難しい問題までバランスよく解くトレーニングが不足している受験生も多い。制限時間があると途端にミスが増える受験生もよく見かける。自分のペースではなく急いで解かなければならないので、プレッシャーを感じ、焦るからだ。

ゴルフも同様で、練習場ではリラックスしてスイングできても、ゴルフコースでスイングすると、景色に惑わされ、同伴者や周囲のゴルファーの眼にプレッシャーを感じ、焦る。だから、普段のスイングができなくなる。この問題を解決するのは、場数を踏むことしかない。

多くの聴衆の前でプレゼンテーションをすると緊張する。しかし、これも慣れで、場数を踏めば踏むほど緊張の度合いが低くなる。「教わる力」を鍛えた人は、場数を踏むことの重要性をわかっているので、100切り前後のタイミングでゴルフコースに積極的に行くようにするのである。だから、１００を切りやすい。

ゴルフダイジェスト・オンラインの調査によれば、日本の約7割のゴルファーが１００を切れない。だから、１００を切れるようになれば、上位3割に属することになる。同伴者が誰かにもよるが、平均的なゴルファーよりはうまくなっているわけであり、ゴルフを楽しめるようになるのである。

Q 昨今、中学入試でも大学入試でも、問題解決能力が重視されるようになりつつあります。そのような変化の中でも、細かい知識や解法を暗記する「詰め込み教育」は、大切なのでしょうか？

文部科学省は、2020年から大学入試の枠組みを大きく改革しようとしています。文部科学省が目指しているのは、「知識偏重型」から思考力や判断力を多面的に評価する「知識活用型」への移行であり、この目標を達成するために、国公立大学が行う個別試験も、これまでの筆記中心から、多様な試験を行うようになる予定です。

具体的には、小論文、面接、集団討論、プレゼンテーション、調査書、活動報告書、資格・検定試験などの成績、各種大会などでの活動や表彰の記録などを基に、さまざまな物差しで多面的に学生を評価するようになります。

そのため、中学校・高校の中等教育、小学校の初等教育でも、「知識偏重」から「知識活用」へと、教育の重点がシフトすることになるといわれています。プレゼンテーションの授業や問題解決思考を鍛える講義などが新たに開講されることになるでしょう。

文部科学省がこのような改革を進めるのは、社会の要請があるからです。多くの企業では20年以上前から、問題発見、問題解決能力の向上をビジネスパーソンに求めてきました。ルーティーンの仕事を正確にこなすスキルだけでなく、初見の問題を適切に解決するスキルも重要であるとし、ビジネスの現場の中で、あるいは特別なトレーニングを用意して、ビジネスパーソンの問題解決能力を向上させてきたのです。


では、なぜ企業内で問題解決能力といったビジネススキルが必要になってきたのでしょうか。それは、日本市場が成長市場から成熟市場へ変化してきたからです。

市場成長期には、自社と競合企業の成長を両立させることが可能です。だから、自社の成功パターン、競合企業の成功パターンを確立できれば、それを踏襲することで、それぞれの企業が成長することが可能だったわけです。

しかし、成熟市場になると、自社と競合企業の成長を両立させることはできません。自社が成長するということは、すなわち競合企業のシェアを奪うことだからです。互いにシェアを奪い合うためには、自社の成功パターンを踏襲するだけではなく、ビジネスのやり方を変えていかなければならない。だから、「決められたことを正しく行う」スキルが重要なことに変わりはないのですが、競合企業、言いかえれば、ライバルに勝つために「自ら問題を発見し」「その問題に自ら解決策を打ち出す」スキルが必要になったのです。

ところが、こういう問題解決能力の向上を、大学・大学院の高等教育でも、中学校・高校の中等教育でも、小学校の初等教育でも、あまり行ってこなかったんですね。だから、企業の問題解決能力もなかなか向上しない。その結果、欧米企業と比較してもグローバル市場で、日本企業がなかなか競争力を向上できない。日本企業が競争力を向上できないと、日本国の国力を向上できない。このような問題を解決するために、大学入試を契機として、問題解決能力の向上を図ろうと、文部科学省は考えているのです。

では、「知識偏重」から「知識活用」へ教育の重点をシフトさせて、日本人の問題解決能力は向上するのでしょうか。日本企業の競争力は向上するでしょうか。

僕は、このままでは日本人の問題解決能力も日本企業の競争力も向上しないと考えています。なぜならば、**「知識活用」は十分な「知識」があって初めて成り立つものであり、**

「知識偏重」しなければ、「知識活用」などできないからです。言いかえれば、これまで以上に徹底的な「詰め込み教育」という土台があって、初めて「知識活用」は、競争力を持ちうると考えています。

ビジネススクールの最高峰のひとつであるハーバード大学経営大学院で行われる講義は、ビジネスケースを活用した、インタラクティブ（双方向）なディスカッション形式の講義です。この形式は世界のビジネススクールの主流であり、議論を重ねることで問題解決能力や合理的判断力を鍛える「知識活用」に最適な場といえます。

しかし、この90分の講義に対して、ネイティブでも3時間以上、日本人のようなノン・ネイティブであれば1日がかりで準備を行っています。ケースに対する準備だけではなく、経営戦略やマーケティングの理論、フレームワークの理解も必要であり、彼らは徹底的な詰め込み準備を行っています。

「知識活用」が意味を成すのは、猛烈な「知識偏重」の土台があっての話なのです。

僕がかつて外資系コンサルティング会社で戦略コンサルタントをしていたとき、ある日本企業で事業改革を行う際に、若手ビジネスパーソンの意見も取り入れようということになり、将来を嘱望されている20代半ばのビジネスパーソン数人に、取締役会議に参加してもらったことがあります。

彼らは普段立ち入ることのない、毛足の長い絨毯が敷き詰められている取締役専用の会議室に入り、やや緊張した面持ちでしたが、一生懸命自分のアイデアをプレゼンしていました。自分なりの問題意識を頑張って発表していました。

しかし、彼らのプレゼンは、全く役に立たなかった。なぜなら、彼らのプレゼンは、その企業の組織能力を大きく逸脱した夢物語であり、彼らが見えている半径5メートル以内の狭い見識で語られたアイデアでしかなかったからです。

企業の問題を検討するためには、現場で直面する目の前の問題が見えているのと同時に、企業全体の問題が見えていることが必要です。生産上の問題を、研究開発の立場から見たらどうとらえられるのか、物流の立場から見たらどうとらえられるのか、営業やマーケティングの立場から見たらどうかなど、さまざまな視点で問題を分析しなければならない。

しかし、入社数年で現場にようやく慣れてきても、企業全体を俯瞰する力がないと、「知識不足」で「知識活用」はできないのです。

一方、マッキンゼー、アクセンチュア戦略グループといった外資系コンサルティング会社のコンサルタントは、入社数年でも、国内外の企業に対して問題提起を行うことができます。解決策を提示、実行支援を行うことができます。なぜか。入社直後から、猛烈な「知識・経験詰め込み」教育を施されるからです。

短い期間で矢継ぎ早に、営業改革のプロジェクト、サプライチェーン再構築のプロジェクト、マーケティング戦略修正のプロジェクトと、さまざまなプロジェクトを経験させられます。新人のコンサルタントは、外資系コンサルティング会社に入ったからといって特別な経営知識があるわけではないので、外資系コンサルティング会社が提供する「詰め込み」トレーニングを受けるのと同時に、自ら「詰め込み」で学び、コンサルティングプロジェクトの現場で「詰め込み」で成長していくわけです。

優秀な人材を採用しても、その多くが脱落していく猛烈な「知識・経験詰め込み」教育を施すことで、ようやく「知識活用」ができるようになるわけです。

このように**「知識活用」は「知識偏重」、言いかえれば「詰め込み教育」という堅固な土台があって、初めて競争力を持つようになるのです。**

ところが、世間では「知識偏重より知識活用」などといわれ、あたかも「知識偏重」が悪いことであり、それを捨てて「知識活用」に集中するという論調が多いですね。しかし、このような勘違いをしたままでは、脆い土台の上で「知識活用」を行うことになるわけで、そのような「知識活用」は、競争力を持たないだろうと考えています

第 **3** 章

「教わる力」とは、自分の判断軸をつくることであり、取捨選択をできるようになることである

第1章では、「教わる力」が足りず、前向きなのに、努力しているのに、真面目なのに、成果がついてこない、もったいない人について検討した。第2章では、「教わる力」を鍛えて、効率的に成果を出せるようになった人について検討した。その違いはどこにあったのか。

同じ新幹線に乗り、東京と新大阪の2時間30分の間に、1冊のビジネス書すら読み切れない人と、数冊のビジネス書を読み切る人がいる。

アウトプットすることだけにこだわり、クライアントからも上司からも評価されず、なかなか出世できない人と、常にコミュニケーションの相手が求めていることと、自分のアウトプットをマッチングさせることを意識し、クライアントからも上司からも高く評価され、すぐに出世する人がいる。

世間に復習主義がはびこるなか、自分の立ち位置を考え、復習主義が合わないとわかると予習主義を取り入れ、見事に大学合格をつかみとる高校生がいる。

彼らに共通するのは、世間の常識にとらわれず、自分なりのナビゲーションのルートを設定し、「目的地」へ向かう力を持っていることである。言いかえれば、自分で正しいと思うことを愚直に行い、必要ないと思うものはバッサリ切り捨て、必要なことだけに邁進する判断軸を持っていることである。

では、どうすれば自分で正しいナビゲーションのルートを設定し、寄り道をせず「目的地」にたどり着くことができるのか。自分で正しいと思うことを見つけ出し、必要ないことをバッサリ切り捨てられるようになるのか。どうすれば自分の判断軸をつくることができるのか。今から検討していこう。

僕たちの周囲にある情報量は、すでに人間の処理可能量をはるかに超えている

総務省の平成25年版情報通信白書によれば、インターネット通信量は平成16年から平成24年の9年間で、約２００Gbpsから約１９００Gbpsへと、９・５倍に増えている（図9）。このペースで通信量が増加すると、２０２０（平成32）年には約４５００Gbpsとなり、平成16年の22・５倍となる。信じられないスピードで通信量は増え続けている。

図9

インターネット通信量の推移

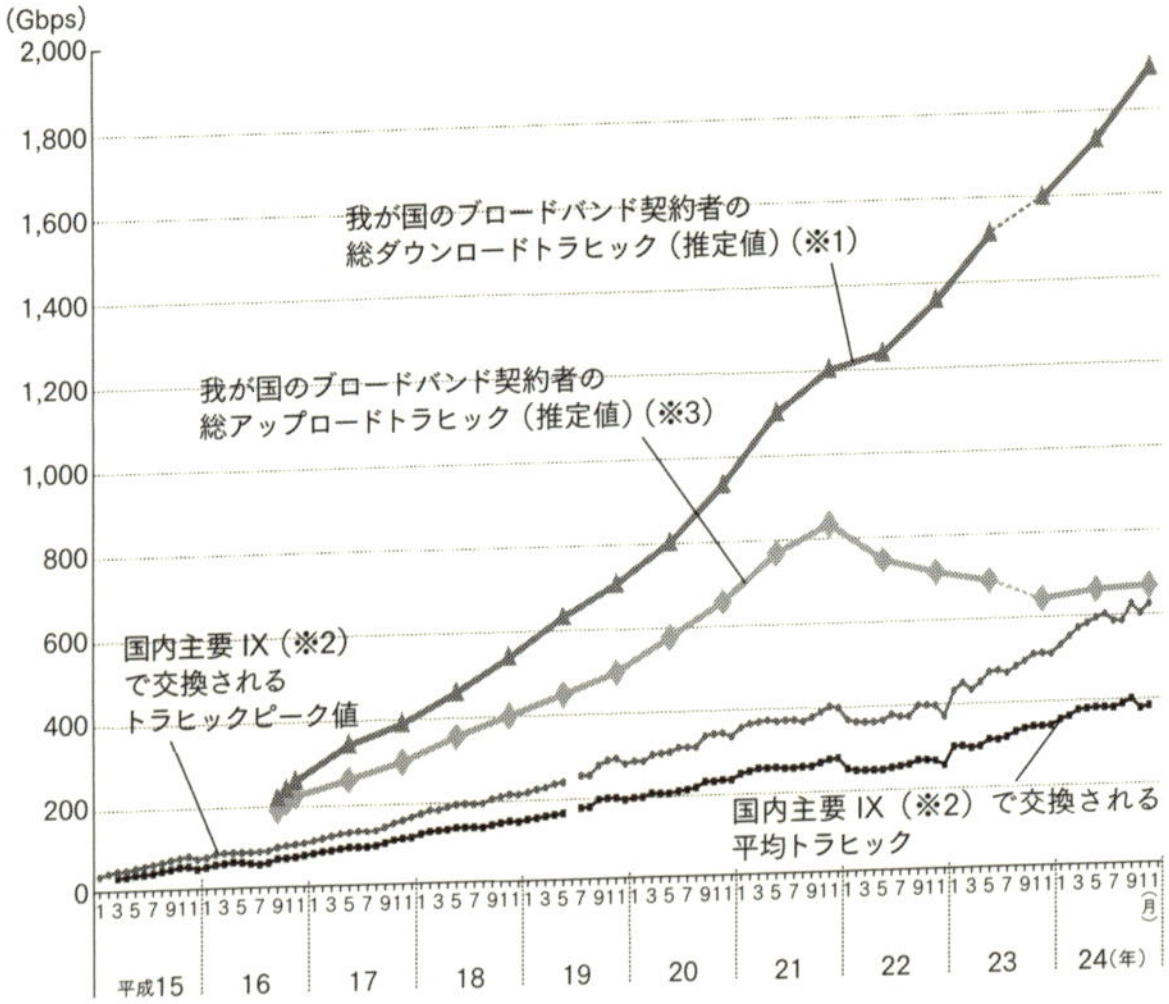

※1　1日の平均トラヒックの月平均。

※2　平成19年6月の国内主要IXで交換されるトラヒックの集計値についてはデータに欠落があったため除外。平成22年12月以前はIX3団体、平成23年1月以降はIX5団体。

※3　平成23年5月以前は、一部の協力ISPとブロードバンドサービス契約者との間のトラヒックに携帯電話網との間の移動通信トラヒックの一部が含まれていたが、当該トラヒックを区別することが可能となったため、平成23年11月より当該トラヒックを除く形でトラヒックの集計・試算を行うこととした。

出典：総務省 平成25年版情報通信白書 第2部 情報通信の現況・政策の動向

では、このグラフの起点となっている平成16年とはどんな年だったのだろうか。平成16年、すなわち2004年は、ブログ元年と呼ばれた年である。プロバイダやポータルがこぞってブログサービスを立ち上げた。ブログの女王と呼ばれた眞鍋かをりさんがブログを始めた年でもある。新ブログの女王と呼ばれた中川翔子さんもこの年にブログを始めている。そして、当時は米国の学生向けサービスだったフェイスブックがサービスを開始したのもこの年だ。

それからわずか9年で、インターネットから得られる情報量は、10倍近くに膨れ上がった。肌感覚でもわかると思うが、ブログ以前とブログ以後、SNS以前とSNS以後で、僕たちが受け取る情報量は、激変している。

『出版年鑑2014』（出版ニュース社）によれば、毎年社会科学系の新刊は約16000冊出版されている。そのうち経済系の書籍は、年により違いがあるものの、4000〜4700冊程度。その大半をビジネス書が占めていると仮定すると、毎週80〜90冊のビジネス書が刊行されていることになる。書店の棚に毎週、次から次へとビジネス書が並ぶわけだ。僕たちは、そのなかから読む本を選ぶことになる。自分の判断軸を持ち取捨選択をしないと、自分が読むべきビジネス書を選び出すことはできない。

国内MBAは、1978年に慶應義塾大学が経営学修士コースとして社会人向けに2年制の修士課程を設けたのが始まりである。2000年頃からMBAブームが起こり、2015年には40前後のMBAコースが開設されている。米国のMBAコースの選択肢は500を超えるので、それと比べればまだまだ少ないが、それでもこの15年でずいぶん増えた。

そこで提供されるコンテンツ量も飛躍的に増え、選択肢が増える一方で、何を教わるのか、その選択の判断軸を持つことが学生には求められるようになってきている。

これら以外にも、視聴できるテレビのチャンネル数は増加し、受験勉強の参考書や問題集も書籍以外にタブレットで学べるアプリケーションなど、コンテンツはどんどん増加している。


一方で、僕たちの情報処理可能量には上限がある。毎週欠かさず1冊ビジネス書を読んだとしても、1年間で52冊しか読めない。テレビのチャンネル数が多くても、同時に2番組を視聴することはできない。MBAの講義も、予習復習を考えるとそれほど多くの講義をとることはできない。

マッキンゼーの調査[※23]によれば、ビジネスパーソンは週46時間勤務のうちおよそ13時間、1日の勤務時間の実に25％をメール処理に費やしているという。コミュニケーションの情報処理だけでもそれだけの負担がかかっている。博報堂ＤＹグループのソーシャルメディア・マーケティングセンターの調査[※24]によれば、フェイスブックやツイッターなどのＳＮＳに費やす時間が1日平均78分、ユーチューブなどの動画サイトに50分、グーグルなどの検索サイトに50分を費やしているという。誰しも1日24時間しか持ちえないが、これだけの時間を情報処理に、ある意味「奪われている」のである。

このような状況のなかで、僕たちの多くは**「情報オーバーロード[※25]」**に陥っている。「情報オーバーロード」とは、情報過多により必要な情報が埋もれてしまい、課題を理解した

※23　Mail Online (http://www.dailymail.co.uk/sciencetech/article-2181680/Youve-got-mail-The-average-office-worker-spend-half-hours-writing-emails.html)
※24　「全国ソーシャルメディアユーザー１０００人調査」第２回・分析結果報告 (http://www.hakuhodo.co.jp/uploads/2013/05/20130520.pdf)
※25　１９７０年、未来学者アルビン・トフラーが著書『未来の衝撃』で初めて使用した造語。

り、意思決定することが困難な状況をいう。

たとえば、スマートフォンを購入するとき、3つの機種から選んでくださいと言われれば、それぞれの機能やデザインを比較し、熟考したうえでその人なりの合理的な意思判断ができる。しかし150機種から選んでくださいと言われると、もはや比較ができなくなり「まあこれでいいか」と、合理的ではなく感覚的な意思判断になってしまう。これは脳みそが処理できる以上の情報を与えられ、その処理ができなくなっているからだ。

また、インターネットで「オーバーロード」と検索すると、テレビアニメの「オーバーロード」がヒットしたり、小説の「オーバーロード」がヒットしたりする。これは情報過多によりS／N比が悪化している状態である。ここでいうSとはシグナル（Signal：信号）であり、Nとはノイズ（Noise：雑音）。もともとは通信工学における信号対雑音比のことだが、ここではS＝欲しい情報や正しい情報、N＝いらない情報、役に立たない情報、誤った情報と考えてもらうとわかりやすい。

情報が増えれば増えるほど、検索者が欲しい情報が増える一方で、欲しい情報とは違う情報、役に立たない情報、誤った情報も増えていく。

このように僕たちの周囲にある情報は、すでに人間の処理可能量をはるかに超えている。では情報過多のなかで、僕たちはどうやって情報を活用する力、言いかえれば、「教わる力」を鍛えていったらよいのだろうか。

何を「教わる」べきか、最初は他人の判断軸を借りて利用する

情報過多社会において、僕たちは普通に生活していると「情報オーバーロード」に陥り、正しい合理的な判断ができなくなる。だから、何らかの判断軸で情報を取捨選択し、自分にとって意味のある重要な情報だけから「教わる」ことができるようにしなければならない。では、どうすれば自分の判断軸を持てるようになるのか。

後の章で詳しく検討していくが、自分の判断軸はすぐにはできない。なぜならば、**何がゴールを達成するために正しい判断であり、重要な情報かは、ゴールを達成しないとわからないから**だ。

たとえば、東京大学に合格するためにどのような勉強方法がよかったのか、どのような

参考書がよかったのか。それは、合格して初めてわかることである。合格して振り返ってみると、「駿台予備校の○○先生の講義は、東大の過去問をよく研究していて、傾向がよくわかった」だとか、「△△問題集を何度もやることで、記述力が飛躍的に伸びた」ということがわかるわけだ。東京大学に合格するまでは、○○先生の講義や△△問題集が、「目標」を達成するために本当に役に立つかどうかということに確信を持つことはできない。

マネジャーに昇進して初めて、どのレベルまで仕事ができるようになれば、マネジャーに昇進できるかが腹に落ちる。自分に任された仕事を80%の出来で仕上げたとしても、他の担当が2週間かかるところを1週間でやれば、それでも上司からスピードを評価されるようになるだとか、急ぎの仕事をどんどん任されるようになるといったことは、マネジャーに昇進して初めて、「ああ、スピードが評価されていたんだなぁ」とわかる。自分の仕事を早めに仕上げて後輩のサポートをしていたことが、ユニットリーダーになる準備ができたと評価されたことも、昇進して初めてわかることだ。

このように、一般的に**自分の判断軸に確固たる確信を持てるようになるのは、ゴールを達成してから**である。だから原則的に、自分の判断軸はすぐにはできない。

しかし、だからといって「ゴールを達成するまで判断軸ができなくてもいいや」と考えると、「情報オーバーロード」を起こし、効率的に「目的地」に到着できない。だから、まだ自分の判断軸を形成できなくても、何らかの判断軸を持ち、それを活用することで「情報オーバーロード」から脱し、必要な情報の取捨選択をし、「目的地」への最短距離・最短時間のルートを設定できるようにしなければならない。これが「教わる力」を鍛えるということだ。

では、どうすれば判断軸を持ちえるのか。それは、**他人の判断軸を借りて利用する**ことである。開成高や灘高から、なぜ東京大学合格者が多数輩出されるのか。もちろん開成高や灘高に通う高校生の頭が良いということもあるのだが、先輩たちの判断軸を借りて利用できるからということも大きな理由である。

昨年度、開成高の3年生で学年10位だったA君は、とにかく教科書を7回読むという勉強方法で、徹底的に基礎力を重視し、東大理Ⅲに合格した。駿台の東大実戦模試の際は、模試を受けた後の復習を7回やり、間違えたところは二度と間違えないために解法や答えを覚えてしまうくらいやりきったことで力がついたという話を聞き、A君の判断軸から何が重要なのかを「教わる」のである。

一方で、昨年度、灘高の3年生で110位だったB君は、駿台の東大実戦模試では常にC判定だったが、センター試験終了後、20年分の東大の過去問をやり、出題傾向の「くせ」をつかんだ。その結果、こういう記述をすれば得点を確保しやすいというパターンを自分なりに見つけ出し、それで挑戦したところ、東大文Iに合格した。でも自分の経験から、過去問は直前にやるのではなく高3になる春にやりこみ、傾向を把握したうえで高3の時間を使ったほうがよいという判断軸を紹介してくれた。

このような感じで、すでに「目的地」に到着し、確固たる判断軸を形成した先輩たちから、開成高や灘高の現在の高校3年生は、身近に話を聞くことができる（図10）。そのサンプル数（＝東大合格者数）は毎年100を超える。部活などで一緒に過ごしているので、彼らが高3の春、夏、秋、直前、どう過ごしていたかもよくわかる。

現在の高校3年生たちはまだ「目的地」に到着していないので、確固たる判断軸をつくることはできない。でも、そうやって他人の判断軸を借りて利用することで、現在の高校

図10

開成、灘の強みの秘密は、成功体験の伝承にある

3年生たちは、合理的な最短距離・最短時間のナビゲーションのルート設定をすることができるわけだ。

他人の判断軸、これは他人の成功体験から得られたものである。この他人の判断軸の力はゴールを達成するために、大きな影響力がある。

京都大学アメリカンフットボール部ギャングスターズは、1982年に甲子園ボウル[※26]に初出場以来、1996年まで8回、関西学生代表として、甲子園の土を踏んだ。そのあいだ、3年以上のブランクを空けることなくコンスタントに関西学生1部リーグで優勝してリーグ代表となり続け、その多くの場合、学生日本一となった。そのため、1982年から1996年まではアメフト部に在籍する、どれかの学年は、優勝を経験していた。だから、優勝するためには何が必要なのか、どうすれば優勝できるのか、自分の成功体験を部内で語ることができた。したがって、アメフト部の部員で、優勝を経験していない学年の部員も、他人の判断軸を借りて利用することができたのである。

しかし、1996年以降関西学生1部リーグでの優勝から離れ、2000年以降優勝経験者は部内に誰もいなくなった。もちろん他大学がスポーツ推薦を拡充し、戦力が強化されたことも大きな原因だが、優勝経験者がいなくなり、成功体験の伝承がなされなくなったことは、京都大学ギャングスターズが、優勝から遠ざかり続けている大きな要因のひとつである。

身近に東大合格者がいる、アメフト関西リーグ優勝者がいる。このように、経験者が身近にいて、そこから判断軸を借りることができれば、「目的地」に到着するまでのナビゲーションのルートをリアルに想像することができる。その結果、自分にまだ確固たる判断軸がなかったとしても、合理的に「目的地」までのルートを設定し、「目標」を達成しやすくなるのである。

最初の「他人」はキュレーター。キュレーターを利用して、情報の取捨選択を行う

これまで検討してきたように、成功体験を持つ他人の判断軸を借りて利用すると、情報

※26　東西大学王座決定戦。関東学生1部リーグ、関西学生1部リーグの覇者が大学日本一をかける決勝戦。2009年以降は全日本大学アメリカンフットボール選手権大会の決勝戦。

の取捨選択ができるようになる。ゴールを達成するためのナビゲーションがリアルに見えるようになってくる。では、他人の判断軸を借りるとして、どの「他人」の判断軸を借りたらよいのだろうか。

ここでは、最初に選ぶべき「他人」を紹介する。それは、**キュレーター**である。キュレーターとは、博物館（美術館含む）、図書館、公文書館のような資料蓄積型文化施設において、施設の収集する資料に関する鑑定や研究を行い、学術的専門知識をもって業務の管理監督を行う専門職、管理職のことをいう。

博物館にも図書館にも、膨大な量の情報が蓄積されている。そのなかで「目利き」を行い、自分の価値観や世界観に基づきそこに新たな意味を与えるのがキュレーターだ。

先に紹介したように、ビジネス書は毎週80冊以上、年間4000冊以上が発行される。そのなかから、「このビジネス書を！」と紹介してくれるのが、ビジネス書評メールマガジンのビジネスブックマラソン[※27]だ。元アマゾンジャパンのバイヤーで現在はビジネス書評家である土井英司氏が本の目利きとして、ビジネス書を中心に「仕事と人生に役立つ良書」を1日1冊厳選して紹介している。毎日メールマガジンで1冊ずつビジネス書を紹介してくれ、その内容、読みどころをわかりやすく伝えてくれる。

また、ブログ「マインドマップ的読書感想文」[※28]では、管理人のsmooth氏が、読者の視点で、読みどころをわかりやすく伝えてくれる。類書との比較を多く出しているのが特徴で、あるトピックに興味がある場合、そのトピックについて、見解が違ったり同じだったりする類書をすぐに検索できる。

これら以外にも、「書評」「ブログ」または「ブロガー」と検索すると、さまざまなサイトがヒットする。そのなかで自分にフィットしそうなキュレーターを見つけ出し、彼らの判断軸を借りて利用させてもらうといい。

最新のビジネス、テクノロジー領域のトピックについては、「ニューズピックス」[※29]をおすすめしたい。日経ビジネスや東洋経済オンライン、ダイヤモンドオンラインなどの記事

※27　https://eliesbook.co.jp/bbm
※28　http://smoothfoxxx.livedoor.biz/
※29　https://newspicks.com

に対し、ピッカーと呼ばれるコメンテーターが、記事をさまざまな視座からコメントしており、物事をどう見ることができるのか、サンプルを豊富に入手することができる。時には500以上のコメントがつき、視座の多さに混乱することもあるかもしれないが、お気に入りのピッカーを探してフォローすると、良い判断軸を借りることができるだろう。

自分の判断軸がないまま無目的にさまざまな情報に触れると、「情報オーバーロード」を起こす。だから、**キュレーターの判断軸を借りて利用することで、摂取する情報量を自分たちが処理可能な量にすること——これがキュレーターを利用する第一義だ。**すると、彼らの判断軸を通じて、彼らが重要である、誰かに伝えたいと思う情報だけに触れることができる。

もちろん、それが自分にとって本当に重要な情報とぴったり合致するかどうかはわからない。だって、自分ではなく他人の判断軸を借りているのだから。でも、今の段階ではそれで構わない。仮に情報に偏りがあったとしても、摂取する情報量を処理可能な量にすることのほうが大切だ。情報の偏りを解消するのは、自分の判断軸を形成していく後のプロセスでよい。それは、また後の章で検討していこう。

キュレーターを利用すると、彼らが「目利き」した情報が毎日流れてくるようになる。で、そのなかから面白そうな情報をチェックするようになるのだが、ここでキュレーターからさらに「教わって」ほしい。それは、彼らの判断軸それ自体だ。

①なぜ彼らは、この情報を伝えたいと考えたのか
②彼らは、この情報をどう解釈したのか
③誰に、何を伝えたいと考えたのか

「①なぜ彼らは、この情報を伝えたいと考えたのか」というのは、彼らがその情報を「選択」した理由である。数多ある情報のなかから、なぜその情報を「選択」したのか。その選ばれた理由を考える。たとえば、ある時事問題について賛成・反対の意見が二分していて、自分の見解を出したかったのか。ある時事問題を、多くの人は同一の視点でとらえているが、違う視点を提示したかったのか。いずれにせよ、なんらかの理由があり、彼らはこの情報を伝えたいと考えたはずだ。その理由を仮説で構わないので、考えてみる。

「②彼らは、この情報をどう解釈したのか」というのは、彼らの立ち位置の確認である。肯定しているのか、否定しているのか。問題の一部にフォーカスしようとしているのか、もっと大きな問題のなかの構成要素として捉えようとしているのか。彼らの解釈の仕方を考える。

これらの検討を行うと、「③誰に、何を伝えたいと考えたのか」がわかってくる。何らかの理由があり、彼らはある情報を伝えたい。そして、その情報を彼らはこう解釈している。そして、その情報を、彼らは「誰かに、こう伝えたい」と考えている。その「誰か」が自分ではなければ、その情報は気に留めなくても構わない。自分が「誰か」なんだなと思う情報だけ、しっかりと読み込んでいけばよい。こうして、**他人の判断軸を借りて、利用しながら、自分の判断軸を形成するきっかけをつかんでいけばよい**のである。

これで、摂取する情報量のコントロールはできた。しかし、判断軸はまだ他人からの借り物だ。これからは自分の判断軸をつくっていかなければならない。でも、どうやって自分の判断軸を形成していったらよいのだろうか。章を改めて、自分の判断軸の鍛え方について検討していこう。

Q 1年前に100切りを達成したアマチュアゴルファーです。仕事が忙しいので、なかなか練習の時間を確保できません。だから、いろいろなゴルフ雑誌やゴルフ番組を研究して、質の高い練習を追求しています。この前のラウンドでは、ベストスコアの91を出すことができました。ただ、最近スコアの伸びが頭打ちで、ややスランプ気味です。何か打開策はないでしょうか？

まず、スランプ気味だとおっしゃっていますが、**それはスランプではありません。単なる練習不足です。**スランプとは、不調のことで、通常よりパフォーマンスが低くなることをいいますが、この**スランプ状態に陥るのは、自分の限界まで技術を向上させ、これ以上練習量を増やしても結果が出ない人だけ**です。すなわち、練習量では解決できない不調をスランプというのです。練習量で解決できる不調はスランプではありません。練習不足といいます。

石川遼選手は、2014~2015シーズンのブレーク期間に沖縄で合宿をしていました。他の選手が打ち込みを続けるなか、石川選手はメディシンボールを使って、反対方向へ投げるドリルを繰り返していました。これは、ただボールを打ち込むのではなく、下半身重視のテイクバックの動きを体に馴染ませる、質の高い練習です。このドリルに対する練習量が全体の9割くらいのイメージだったそうです。

では、残り1割で何をしていたのか。このドリルを行う前に、2時間アプローチ練習を続けたそうです。アプローチだけで2時間です。そうするとドリルの練習時間が18時間、全体の練習時間が20時間になってしまうので、さすがにそんな長時間練習はしていないでしょうが、僕たちが想像する以上に、プロフェッショナルの練習時間は長いのです。

ルーキーのツアープロに練習量の話を聞くと、「アプローチで600球、ショットで400球くらいですかね。ちょっと少ないかもしれません。恥ずかしいので、こんなこと書かないでくださいね」と、うつむき加減に言うんですね。心の中で、「いや、僕は100球打って、今日もいい汗かいたぜって満足しているんだけど……」と、こっちが恥ずかしくなってしまう(笑)

プロゴルファーで『風の大地』[※30]原作者の坂田信弘氏は、アマチュアゴルファーの練習について、こう言っています[※31]。

「まず、練習の量を盗むことだ。量、要するにどれだけの練習なされているかを知るが大事。次に練習の質を盗んで行けばよい。プロの領域、アマの領域、成功する人は最初に量を盗む。量を盗み取り、己のものにした後、質の盗みへと入る。成功しない方は最初に質の盗みに入る」

「ゴルフ雑誌も無責任だ。ここを盗め、と安易なレッスン記事ばっかりを掲載して来る。頭でゴルフやるにしたって、やっぱりその根底にあるは量でしょう」

「まずは量盗み、次に質盗み。ゴルフスウィングは土台から作り行くが最善。家作り、グリーン作りと要領は同じ」

※30　『ビッグコミックオリジナル』にて1990年より連載を開始した、ゴルフ漫画。四半世紀にわたって、連載中。
※31　「悩めるゴルファーへの贈り物」(http://www.golfdigest.co.jp/digest/column/wsaka/0375.asp)

松山英樹選手は本人自身が認める練習嫌いですが、明徳義塾高校時代は朝早くから起きてランニングと打ち込み。その後、授業に参加して、昼休みも打ち込み。休日も自主練。でも、これで練習嫌い。練習に打ち込むプロフェッショナルと比較すると、これでも練習嫌いという位置づけになるのでしょう（笑）

僕たちアマチュアは、ともすれば、プロフェッショナルの練習の質ばかりに注目し、その量を蔑ろにします。それで、上達する＝僕たちの目指す「目的地」に到達するかというと、到達はするでしょうが、相当時間がかかります。**練習量が少ないということは、プロフェッショナルが時速100㎞で「目的地」を目指すのに対し、僕たちは時速1㎞でのんびり歩いているということ**だからです。

プロゴルファーはもちろん練習の質の向上を目指しています。しかし、それはものすごい練習量が前提で、さらに質の向上を目指しているわけです。僕たちアマチュアゴルファーが、プロゴルファーと比較して才能もないのに、少ない練習量で質だけ向上させようとしても、それは成果につながりません。僕たちが少しでもプロゴルファーに近づきたい、言いかえれば、上手になりたいのであれば、まず練習量を少しでも真似することです。

開成高や灘高の3年生が、東京大学に合格した先輩たちから聞く合格体験記で役に立つのは、勉強方法だけではありません。普通の高校生では考えられない勉強時間を先輩たちから聞き、覚悟をするわけです。

「やっぱ、センター試験終わってからは、起きてたら全部勉強やな。毎日13時間くらい。最後の最後でのスパートは効くで」

「模試の復習？　そんなん、覚えるまでやったらええやん。覚えるまでや、覚えるまで。2回やっても覚えられへん？　10回でも50回でもやったらええやん。絶対覚えられるようになる」

こういう話を聞き、現在の高校3年生たちは、自分が考えていた努力量＝練習量では、来年の春、「目的地」に到着できないことを悟ります。そこで、ナビゲーションのルートを設定し直したり、走る速度を上げたりするわけです。そうすることで、彼らの多くは来春、「目的地」に予定どおり到着できるのです。

東京大学法学部を首席で卒業した弁護士の山口真由さんは、司法試験を受験した際に、口述試験前の2週間は、毎日19時間30分を勉強に注ぎ込んだそうです。※32 先にご紹介した灘高3年生よりもスゴいですね。でも、これが勉強のプロフェッショナルの世界です。

そして、スランプという言葉は、彼らにしか当てはまりません。彼らプロフェッショナルは、自分の限界まで技術を向上させ、これ以上練習量を増やしても結果が出ないからです。これ以上練習量を増やしても解決できないことを、スランプという。だとすれば、質問者の方はスランプではありません。練習量を増やすことで、いくらでも解決できることがあるからです。したがって、質問者の方へ贈る打開策は、これです。

「上手になりたければ、練習量を増やしましょう」

「他人の判断軸＝プロフェッショナルや上級者の考え方」に「教わる」際には、その技術も然ることながら、その技術を得た背景にある練習量がどれほどのものなのかも、しっかりと意識するようにしてください。

※32 『天才とは努力を続けられる人のことであり、それには方法論がある。』（扶桑社）p.2

第4章

自分の判断軸を鍛えるために、「信じる道」を探し出す

第3章では、情報過多の時代に「情報オーバーロード」を起こさないためには、情報量をコントロールすることが必要だということ、そして、情報量をコントロールするためには、目利き＝成功体験を持っている人やキュレーターから判断軸を借りるべきであるということについて話してきた。

しかし、これらの判断軸は、あくまでも他人の判断軸であり、自分の判断軸ではない。最終ゴールは自分の判断軸を持ち、自分でナビゲーションのルートを設定できるようになることである。では、どうやって自分の判断軸を形成していったらよいのだろうか。いくつかステップがあるのだが、この章では、自分の判断軸を形成する最初のステップである**「信じる道を探し出す」**ことについて、検討していこう。

「信じる道」を探し出すために、信じられる人を探し出す

何が正しい道なのか、何が正しい判断なのか、「目的地」へ向かって邁進している途中段階では、確信を持てない。まだ、「目的地」に到着していないからだ。だから、すでに

「目的地」に到着している成功者やキュレーターの判断軸を借りて利用することで、合理的なナビゲーションのルート設定をできるようにする。

しかし、自分が判断軸を借りている成功者の判断軸や、キュレーターの判断軸は、自分にとってベストの判断軸なのだろうか。自分が信頼して、頼って良い判断軸なのだろうか。**自分が借りている判断軸がベストの判断軸なのかどうかは、比較することでしか判断できない。**そして、比較対象が増えるほど、自分にとってベストかどうかの判断ができるようになる。

第3章の終わりで、自分が借りているキュレーターの判断軸から「教わる」ことが必要であるという話をした。

- なぜ彼らは、この情報を伝えたいと考えたのか
- 彼らは、この情報をどう解釈したのか
- 誰に、何を伝えたいと考えたのか

これらの吟味を自分でできるようになると、他人の判断軸を比較検討できるようになる。そうなったら、一度摂取する情報量を拡げよう。自分が信頼して頼りにできる判断軸を探すために。自分にとってベストの判断軸を探すために（図11）。

ここで気をつけていただきたいのは、他人の判断軸を吟味できるようになっていないのに、摂取する情報量を拡げることである。そうすると、「情報オーバーロード」を起こしてしまう。**摂取する情報量を拡げるのは、他人の判断軸を吟味できるようになってからだ。**

たとえば、参考にするキュレーターの数を増やしてみる。参考にするニュースサイトの数を増やしてみる。キュレーターが推薦するビジネス書だけでなく、リアル書店の棚で推薦されているビジネス書が何なのかも調べてみる。サンプルを増やしながら、なぜそれが推されているのか、その一つひとつの判断軸を吟味する。

このように、いろいろな他人の判断軸を比較して、自分にとってベストの判断軸が何なのか、追い求めていく。

図11

自分の「信じる道を探す」ために、他人の判断軸を比較する

三菱ＵＦＪモルガン・スタンレー証券でＭ＆Ａのアドバイザリーを行う23歳。京都大学経済学部卒業。友人から誘われる機会が増え、ゴルフを始めて４か月。ゴルフ部出身でシングルの腕前を持つ友人から、最初はプロからレッスンを受けたほうがよいと勧められ、都内の練習場でレッスンプロから４か月間指導を受け続けた。スコアは順調に伸び、今年に入ってからの平均は１０７。今のレッスンプロ以外の視点も得たいと思い、毎週違うレッスンプロから指導を受けることにした。合計15人のプロから指導を受けたのだが、みんな言うことが違う。でも、伝えたいことは実は同じであることもわかった。そのうえで、伝えたいことを自分が一番理解しやすい言葉で伝えてくれる、もともと教わっていたレッスンプロの下へ戻ることにした。
「このプロが、僕が信頼して頼りにできる判断軸だ。この人についていこう」。そう決心し、現在も週末にレッスンを受け続けている。

ゴルフを始めた彼は、４か月間レッスンプロから指導を受け続けた。それは、そのプロの判断軸を吟味するためである。ゴルフに関して、右も左もわからない状態でいろいろなレッスンプロの説明を聞いても、頭のなかはこんがらがるだけ。だから、最初は一人のレッスンプロの指導を受け続けた。そして、その判断軸を吟味できるようになったところで、合計15人のレッスンプロから指導を受けた。

指導を受ける目的は、比較をすることだ。今の「目的地」は、自分が飛ばしたい場所に目の前のボールを運ぶこと。この「目的地」に到着するために、プロはそれぞれどういう説明をしてくれるのか。説明を比較する視点で、レッスンを受け続けた。だから、プロの説明に、「目から鱗が落ちる！」の連続であることはない。受け身でレッスンを受けているのではなく、常に判断軸の違いを主体的に判断しているからだ。

常に冷静に、真剣に、プロの指導を受け続けた。その結果、プロが伝えたいことは、言葉は違えども、結局どれもほとんど同じであるということがわかった。であれば、その言葉を一番理解しやすいプロを「信じられる人」にしたほうがよい。それは、今まで指導を受け続けたプロだった。だから、再び最初に出会ったレッスンプロに指導を受けることにしたのである。

こうして彼は、自分にとってベストの判断軸、自分が信頼して頼りにできる判断軸を探し出したのだ。

外資系コンサルタントは、ベストプラクティス分析から、クライアントの「信じる道」を探し出す

業務改革を行うとき、ベストプラクティス分析を行うことが多い。ベストプラクティスとは、ある結果を得るのに最も効率のよい技法、手法、プロセス、活動のことだ。パフォーマンスの良い競合他社や、その他の優良企業のパフォーマンスを参考にし、その業務プロセスを自社に取り入れようとする。しかし、たいていの場合失敗する。なぜか。ここで、もう一度、業務改革につまずいた彼に登場してもらおう。

一橋大学法学部卒業。新卒で伊藤忠商事に入社。食料カンパニーに配属され、食品流通に携わってきた。ひととおり仕事を覚え、一人前になってきた実感を覚えた5年目に、人材エージェントから電話が。「ようやく自分もヘッドハンティングされるくらい業界で名前が売れてきたか！」と、胸を熱くさせながらエージェントの話をきいたところ、飛ぶ鳥を落とす勢いで成長しているSNSアプリ開発を手掛けるベンチャー企業のマ

ネジャー職へのお誘い！

いろいろ考えたが、チャンスの女神には前髪しかない。今担当している仕事の引き継ぎもあるので、転職は4月まで待ってもらった。そして、いよいよ4月。マネジャーとして2週間が過ぎた。伊藤忠のような大企業とベンチャー企業では、オペレーションも違う。まだまだ未熟な業務プロセスも多い。ここは前職での経験を活かして業務プロセス改革を行い、この会社を大きく発展させよう！と、心意気だけは十分なのだが、どうも部下たちとの距離を感じるんだよなぁ。なんか、だんだん部下たちの元気がなくなってきているような。どうしたものか……。

第1章でも検討したように、各企業には、それぞれの業務プロセスが確立されている。それは各企業の組織能力に応じ、試行錯誤で確立されたものである。その経緯、組織能力を踏まえずに、新たな業務プロセスを導入しても、それは機能しない。また、参考にしている判断軸は、彼が以前在籍していた1社だけである。にもかかわらず、このベンチャー企業に不適合な判断軸を導入しようとしてしまったのだ。

彼だけではない。多くの日本企業では、新聞記事などで話題になった、ある特定企業のベストプラクティスを安易に導入しようとする。比較をするにしても、せいぜい数社であることが多い。業界特性や事業規模、経営方針などの違いを考えていない。従業員の力＝組織能力の違いも無視している。そんなベストプラクティス分析が巷には溢れている（**図12**）。

これらは、少ないサンプル数から他人の判断軸を借りて利用しようとした失敗事例だ。ここで楽をしようとすると、ベストプラクティス分析はたいてい失敗する。奇跡的にベストプラクティスと導入企業の業界特性、事業規模、経営方針などがマッチングしない限りは。

では、どうやったらベストプラクティス分析を機能させることができるようになるのだろうか。言いかえれば、自分にとってベストの判断軸、自分が信頼して頼りにできる判断軸を探し出すことができるのだろうか。

こういう場合、外資系コンサルティング会社のコンサルタントは、まずサンプル数を増やそうとする。**判断軸の比較対象を増やすのだ。**もちろん自分でもリサーチするのだが、

図12

「違い」を無視したベストプラクティス分析は、たいてい失敗する

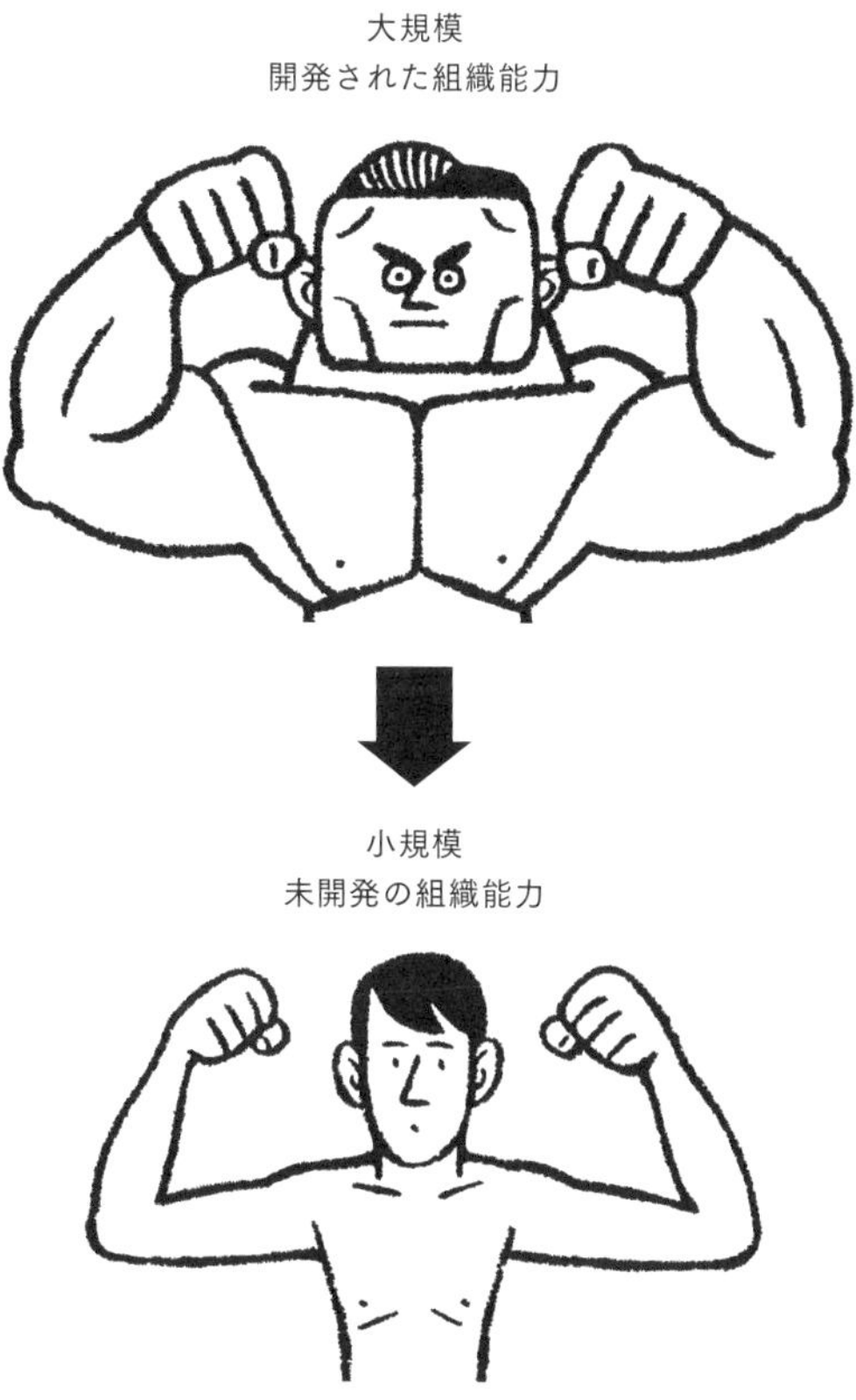

「違い」を無視してベストプラクティスを導入しても、うまくいかない

ナレッジシェアのシステムで、「こういう営業改革のベストプラクティスはありませんか？」と質問を投げる。

そうすると、数分後には「金融業界では～」「北陸の中堅電子機器メーカーでは～」と返事が返ってくる。そして、数時間後には、数十のベストプラクティス候補が挙がってくる。まず、その数十のサンプルを検討しながら、営業改革のクリティカル・ポイント（重要なポイント）に当たりをつける。

その後、こんどは海外事務所に質問を投げる。「営業改革のベストプラクティスで、営業パーソンが小売店への支援、助言活動をできるようにするために、営業パーソン同士が情報を共有してうまくいっている事例はないですか？」と。一晩経って、翌朝、東京事務所でナレッジシェアのシステムを確認すると、「上海の大衆薬メーカーでは～」「シカゴのアパレルブランドでは～」「中国の食料品メーカーがインドのムンバイ市場では～」と、数百件の返事が戻ってきている。

それら数百件のベストプラクティス候補を吟味しながら、クライアントの業務改革に参考になりそうなものを、数十に絞り込む。そして、さらにリサーチを進めながら、実際にインタビューをさせていただくベストプラクティス候補を10~20に絞り込む。

インタビューは電話で済ませる場合もあるが、必要があればツアーを組み、話を直接伺いに行く。最初の1週間は国内で、まず札幌、翌日金沢、そして、岡山に出て、神戸を経由して名古屋へ向かうという具合だ。そして次の1週間は、まずソウル、そこからシンガポール、ミュンヘンを経由してムンバイといった感じでインタビューを行う。

このあたりになると、さまざまな判断軸を比較することで、コンサルタントの頭のなかに確固たる判断軸ができあがってくる。そして、クライアント同伴で視察に行くベストプラクティスを3~5に絞り込む。すでに視察ポイントは明らかになっているので、ベストプラクティスを視察しながら、クライアントの経営幹部と議論を進めていき、最終的な営業改革の方向性を確認する。

その後、ベストプラクティスをそのまま営業改革に当てはめるのではなく、複数のベストプラクティスをカスタマイズして、そのクライアントにベストフィットする形で、当てはめていく。**クライアントにとってベストの判断軸、クライアントが信頼して頼りにできる判断軸を探し出すために、数百のサンプルのなかから比較し、吟味するのである。**

外資系コンサルタント1年生は、1年で300冊以上のビジネス書を読む

外資系コンサルティング会社には、非常に充実したトレーニングが用意されている。だから、自分の成長のために必要な機会を十分に得ることができる。

しかし、「トレーニングを受けてスキルを身につけてから、現場に出ましょう」というシステムにはなっていない。入社するとすぐ現場に出され、「現場で頑張りながら、自分が必要だと思うトレーニングを自分の判断軸で選択し、忙しいなか、自分の責任で時間を見つけ、トレーニングを受けなさい」というシステムである。

だから大半のブランニューの1年生は、からっぽの状態でいきなり現場に出されることになる。もちろん東京大学経済学部経営学科を卒業したり、京都大学大学院経済学研究科経営学専攻を修了といった、経営学をかじった経験を持つブランニューの1年生もいる。

しかし、実際のコンサルティングがメジャーリーグで鎬を削るゲームだとしたら、大学や

大学院での経営学は、荒川の河川敷で楽しむ草野球程度のものである。だから、彼らも、からっぽ同然だ。なので、クライアント先で会議に出ても、そこで交わされる言葉は「宇宙語」なのである。

彼らは、猛烈な危機感を持つ。「会議に出ても、クライアント企業の経営陣やコンサルティング会社の上司が何を言っているのか、全然わからない。このままでは、コンサルタントとして価値を出すことができない」。そこで、コンサルティングを行うに際して最低限必要となるリサーチ技術や、ロジカル・シンキング、経営戦略、マーケティング、会計といったトレーニングを矢継ぎ早に受ける。危機感が動機になった受講なので、本当に真剣だ。

一般的に外資系コンサルティング会社のトレーニングの講師は、その会社のトップコンサルタントが行っている。トップコンサルタントのノウハウ、スキルを組織内に伝播・蓄積する機会として、トレーニングは最適な機会だからだ。こうして、ブランニューの１年生は、**最初の「他人の判断軸」を、そのコンサルティング会社のトップコンサルタントから吸収していく。**

それから、自分が担当している業界、自分が担当している問題に関するビジネス書をどんどん読み込んでいく。通信業界を担当しているのであれば通信業界に関するビジネス書を、マーケティング戦略の再構築を担当しているのであればマーケティングに関するビジネス書を、というようにである。そうしていると、読書冊数は、年間300を超えるようになる。

激務のなかで、どうやって読書の時間を見つけているのかと思われるかもしれないが、彼らにはそれができる。第2章でご紹介したように、彼らはビジネス書を最初から最後まで読まないからだ。まだ借り物に過ぎないが、自分なりの判断軸で、読むべきところ、読む必要がないところを瞬時に判断し、必要な情報だけを摂取するからである。

このような読み方をすることで、ブランニューの1年生はどんどん新たな判断軸を蓄積できる。そのなかで、今は借り物であるが、自分なりの判断軸との距離感を考えて、比較をしていくのである。

そうすることで、次第に自分が信じるべき道が見えてくる。

たとえば、「金融業界の未来を考えるときには、ライバルではあるが、違う外資系コンサルティング会社の○○さんの考え方が、一番理に適っている。なので、彼が発表するレポートは常に参考にしていこう」とか、「ビッグデータの活用の仕方についてはいろいろな考え方があるが、国内ＩＴ企業の△△さんの見方が、一番僕の考え方に合う。彼が基調講演をするセミナーに参加してみよう」というように、だ。

このような仕事の仕方をしていると、数か月で会議の内容が「宇宙語」から「日本語」や「英語」「中国語」に変わってくる。会議中に話されている言葉の意味がわかるということもあるが、それがどういう判断軸で、どういう解釈をなされて話されているかもわかるようになるからだ。ここまでくれば、会議の中で価値を出す土台ができあがってくる。議事録をとるにしても、単純に字面を記録するだけではなく、どういうコンテクストにおいて、どういう位置づけで、その議論がなされているのかが伝わる議事録をとることができるようになる。会議を聞きながら、会議終了後に何がタスクとなりそうなのか、次のアクションを予見できるようになる。そうして、コンサルタントとして動ける第一歩を踏み出すことができるようになるのだ。

外資系トップコンサルタントは、仕事を選り好みしない

外資系コンサルティング会社では、トップコンサルタントのところに依頼が集中する。だから、本来トップコンサルタントは、数多ある選択肢から自分のやりたい、または得意なプロジェクトを選択できる。一方で、人気のないコンサルタントには、あまり依頼が来ない。だから選り好みすることができず、他のコンサルタントが断ったプロジェクトを行うことになることもある。

にもかかわらず、多くのトップコンサルタントは、プロジェクトを選り好みしない。たとえば、消費財企業系のプロジェクトに数多く携わってきたトップコンサルタントでも、流通企業系から依頼が来たら、経験がほとんどないにもかかわらず、ニコニコして依頼を受けている。なぜか。**仕事を選り好みしないことで、判断軸の幅をさらに広げることができるからだ。**

すでに多数の消費財企業のプロジェクトを経験しているので、メーカーの立場での経営

課題、今後の成長のあり方については精通している。数多あるプロジェクトの成功体験により、自分に確固たる判断軸も出来上がっている。しかし、**あまり経験のない流通企業のプロジェクトを経験することで、モノの見方を反転させることができる。自分の判断軸の幅をさらに広げることができる。**

消費財企業にとって、流通企業は重要なビジネスパートナーである。一方、流通企業にとっても、消費財企業は重要なパートナーである。消費財企業のコンサルティングを行っているときには、消費財企業の営業部門という判断軸で流通企業の姿を見ることができた。しかし、流通企業のコンサルティングを行えば、流通企業の調達部門から消費財企業の姿を見ることができる。トップコンサルタント自身の判断軸の幅を広げることができるわけだ。

また、流通企業に精通しているコンサルタントがプロジェクトに参画しても、それはあくまでも流通業界という判断軸でのコンサルティングになる。しかし、消費財業界に精通している自分がプロジェクトに参画することで、流通企業が見えているようで見えていない消費財業界の判断軸を用いたコンサルティングができる、クライアントに対する自分の価値を高めることができると考えたのである。

「自分の得意分野」とか「やりたいこと」といった視点でプロジェクトを選んでいるのではない。自分の判断軸の幅を広げる機会になるかどうかという視点で、プロジェクトを選んでいるのだ。だから、トップコンサルタントは、プロジェクトを選り好みしない。自分に経験がない領域でも価値を出す自信はあるし、経験がない領域であれば、新たな判断軸を獲得できる可能性が高いからだ。

こうして、多くのトップコンサルタントは、自動車、製薬、電子機器、百貨店、GMS、通信、官公庁といった感じで、多くの業界に対し、コンサルティングを行っていく。営業改革、マーケティング戦略再構築、サプライチェーン改革、研究開発効率化など、対象となる企業活動についても選り好みしない。そうすることで、いろいろな判断軸を、愚直に自分のなかに蓄積していくのである。

数多の経験と判断軸を蓄積したうえで、トップコンサルタントは最終的に自分の専門領域を決めていく。金融を専門にするのか。流通を専門にするのか。営業改革を専門にするのか。生産管理を専門にするのか。どの領域に専門領域を決めようとも、彼らは活躍できる。数多くの経験による豊富な判断軸を基に自分オリジナルの価値を提供できるからだ。

大切なのは、自分の判断軸を鍛えるために、さまざまな判断軸との比較をする経験や機会をできるかぎり持つことなのである。

東大理Ⅲ合格者は、合格体験記を読み込むことで「教わる力」を鍛える

東京大学理科Ⅲ類の入試は、日本の大学入試で一番難しい入試である。定員わずか100名。2015年度の入試の合格最低点は、理Ⅰで323／500、理Ⅱで312／550に対し、理Ⅲは377／550。ダントツの難易度だ。ちなみに合格者平均点は、理Ⅰが353点、理Ⅱが336点、理Ⅲが403点。理Ⅰや理Ⅱに真ん中で合格しても、まだ理Ⅲには合格できない。このように東京大学のなかでも突き抜けた存在が理科Ⅲ類なのである。

2015年度は理科Ⅲ類に開成高校から14人、灘高校から15人合格している。第3章でも検討したが、彼らが東京大学に合格した理由は大きく2つあった。それは、彼らの頭が

良いからということ、そして、先輩たちの判断軸を借りて利用できるからということだ。

つまり彼らは、勉強ができるというだけでなく、「目的地」に到着するために、どのように勉強していったらよいのか、何をやるべきで何はやるべきではないのか、どのくらいの練習量が必要なのかを先輩たちの経験や助言から得られることで、効率的に成績を伸ばしているのである。


しかし、理科Ⅲ類合格者は、開成高や灘高だけにはとどまらない。めったに東大合格者が出ないような、ましてや理科Ⅲ類合格者などほとんど出ないような地方の公立高校からも、理科Ⅲ類合格者がわずかながら出ている。彼らは、頭が良いという点では、開成や灘の高校生と変わらない。しかし、先輩たちの判断軸を借りて利用するという点では大きく不利な状況にある。では、どうやって、有利な条件下にある開成高生や灘高生と競っているのだろうか。

その秘密が書かれているのが、『東大理Ⅲ　天才たちのメッセージ』（データハウス）だ。これは毎年、理科Ⅲ類合格者のうち40名弱の合格体験記を集めた本である。理科Ⅲ類の合格者が１００人なので、その４割弱の合格体験記を毎年読めるわけだ。

もちろん関東、関西の都心部であれ、地方であれ、『東大理Ⅲ 天才たちのメッセージ』を手に入れることができる。地方の公立高校生は、合格体験記を読むことで、他人の判断軸を借りて利用しているのである。

『東大理Ⅲ 天才たちのメッセージ』では、理科Ⅲ類に合格する勉強法だけが書いてあるわけではない。

・高校入学までの生い立ち
・高校に入り理科Ⅲ類を受けることを決意した動機
・高校時代の思い出、ライフスタイル
・受験勉強中の葛藤
・親や友人、恋人との関係

など、彼ら自身の人間性も垣間見ることができる。

そして、核心となる勉強法、使用した参考書、通っていた塾や予備校、成績、よかった先生や講義がリアルに描かれている。身近に理科Ⅲ類合格者がいなくても、『東大理Ⅲ 天才たちのメッセージ』により、開成高や灘高の高校生が合格した先輩たちから話を聞くのと同じように、他人の判断軸を借りて利用することができるのだ。

また、この本に掲載されている合格体験記の大半は、都心部の有名国立私立高出身者のものだが、地方の公立高出身者の合格体験記も掲載されている。

岩手県立水沢高の合格者は、中3の夏に親が「高校への数学」を買ってきてくれたことが、勉強をするようになったきっかけだという。そこに載っていた開成高やラ・サール高の入試問題を見てカルチャーショックを受け、こういう勉強をしている人たちと大学受験では戦わなければならないのかと衝撃を受けたのだ。

北杜市立甲陵高の合格者は、高2の春に参加した駿台予備校の箱根セミナーが、具体的に理科Ⅲ類を目標として掲げるようになったきっかけだという。開成高や灘高の高校生も多数参加するのだが、彼は、愛媛や香川、宮崎、秋田から参加した高校生と連絡を取り合うようになり、受験本番まで勉強の計画の立て方や、模試の結果をメールで交換し合っていたそうだ。

愛知県立五条高の合格者は、浪人をして河合塾に通うことで、成績が伸び始めた。最初は一人だったが、だんだん東大を目指す友達ができ、「一緒に過去問をやろう」と、本番を想定して時間を計って取り組み、互いに採点し合い、励ましながらみんなで切磋琢磨したという。

たとえ地方の公立高に通っていて、なかなか受験に関する情報を得られなくても、合格体験記を読むことで、どうすれば「目的地」に到着できるのか、そのロードマップを得ることはできる。そして、同じように地方の公立高から理科Ⅲ類に合格した先輩たちの合格体験記を読むことは、彼らに対して大きな勇気を与えてくれ、背中を押してくれるだろう。

そして、毎年40人弱の合格体験記を読めるということは、３年分の『東大理Ⅲ　天才たちのメッセージ』で、１００人以上の合格体験記を読めるということだ。自分の勉強法を確立するために、言いかえれば、何が正しい道なのか、何が正しい判断なのかを明らかにするために、信じられる人を１００人以上の理科Ⅲ類合格者から選べばよい。そして、**信じられる人を見つけ出したら、その人の真似をすればよい**のである。

column 4

Q 三菱商事の連結子会社で受付業務をしている26歳です。ダイエットをしようと思い、ジムに通い始めました。最初のうちは頑張っていたのですが、次第にやる気がなくなってきて……。前の日はジムに行こうと思っているのですが、当日その時間になると「めんどくさい」とか「今日は体調悪いし」とか「また来週でいいか」とか、心のなかでいろいろ言い訳をして、結局休んでしまいます。でも、ダイエットはしたいので、何か、やる気を高めるためのよい方法はないでしょうか？

気持ちはよくわかります。なぜならば、僕自身が全く同じだからです。

僕もジムに通っています。自宅マンション内にジムが併設されていて、エレベーターで降りるだけです。だから自宅からジムまで1分もかかりません。それでも、「めんどくさい」「今日は疲れている」と言い訳をして行かないことが何度もありました。

また、書籍の出版依頼や、ビジネス誌の原稿依頼を数多くいただきますが、なかなか書けません。特に書籍などは、10万字から15万字を書くことになり、腹を決めないと書き始めることができません。「まだ準備不足だ」「もっとリサーチをしてからじゃないと」「もう少し構想を練ってから」などと言い訳をし、プロフィールだけを書いて、月日が流れていきます。

しかし、僕の周りの成功者を見ていてもそうなんですが、最初からやる気満々で仕事をしていたり、書籍を執筆している人は、ほとんどいないんですね。ビジネス書を10冊以上上梓し、ベストセラーを何冊も出している著者でも、一緒に飲むと、「書けねー。ネタはあるけど、やる気が出ねー」などと言います。僕も同じなので、二人で「やる気、どうやったら出るんだろーなー？」と言い合って、グダグダしています。

外資系コンサルティング会社出身で、現在は外資系インターネットサービス会社の日本法人と韓国法人のCEOを務める友人も、夕方、社長室を訪問すると、「新規事業の立ち上げ、めんどくせー。早くビール飲みてー」などと、グダグダ言っています。

でも、彼らは、新たなビジネス書を次から次へと上梓し、ベストセラーを出していきます。新規事業の立ち上げも、確実に成功させていきます。なぜでしょうか。

それは、最初はやる気がないのですが、やっているうちにやる気が出てくるからです。何をするにしても、最初は面倒くさい。しかし、やっているうちに面白くなってきて、または、やるべきことが見えてきて、やる気が出てくるわけです。彼らは、それをわかっているので、**「やる気はないけど、とりあえずやってみる力、手をつけてみる力」**が、非常に優れているのです。

すなわち、大半の場合は、

やる気が出る　↓　頑張れる

ではなく、

とりあえずやってみる　↓　やる気が出てくる

の順番なのです。

僕もそうです。まだ構想不足だけど、ネタも整理されていないけど、でも書き始める。書き始めると、構想していたことで見えていること、これから考えなければならないことが見えてくるんですね。

だから、不十分でもとにかく手を出してみる。やってみる。書いてみる。そうすることで、本当に足りないところ、実は足りていたところがわかってくるわけです。このように何をすればよいのかがわかると、やる気が出てきます。頑張れます。

ジムも同じです。行くまでは、頭のなかにいろいろな言い訳が浮かびます。脳みそが、「やめよう、今日は休もう」というほうに身体を持っていこうとします。そこで、僕はジムに行くまでは何も考えないようにします。頭を真っ白にします。ただ淡々とカバンにタオルや着替えを詰め込みます。絶対に、何かを考えてはダメです。すぐに、数多の言い訳が頭のなかに浮かびます。だから、何も考えずに頭を真っ白にして、とりあえずジムに向かいます。

で、ジムの扉を開ければ、僕の勝ちです。着替えて、マシンを動かし始めると、いつもどおり頑張れるんですね。で、汗をかいて、トレーニングが終わると、とても気持ちがいい。「今日も頑張ってよかった！」と充実感を味わえます。とりあえずやってみると、やる気が出てくるわけです。

それでも、まだジムに行く気がしない場合、「報酬」を用意するといいと思います。たとえば、「ジムに行った後は、銀座でお買い物ができる権利を得られる」といったように。そして、ジムを休んだら今月はお買い物に行けないと決めておけばいいでしょう。

僕の場合、ラーメンを食べるのが好きなので、「今日の原稿執筆で5000字以上書いたら、チャーシューをトッピングできる権利」とか「今日ジムに行ったら、ラーメンを大盛にしてビールを飲める権利[※33]」とかを用意しています。

小学生の中学受験勉強も同様で、「報酬」を用意するといいでしょう。小学生がなぜ勉強を頑張れないのか。それは、努力と努力の結果として得られる恩恵の間に、時間的なギャップがあるからです。今努力しても、努力の結果が表れるのは、数か月先、場合によっては、数年先。ずいぶん時間がかかる。だから、やる気を維持できないわけです。

人間を含め、大半の哺乳類は、脳内の奥深い部分にある脳幹と呼ばれる部分から延びるA10神経が興奮すると、やる気が出てきます。※34 そして、これは頑張ればすぐに恩恵が得られる場合に機能します。だから、中学受験勉強にも「報酬」を用意する。

最初は、目の前の計算プリントを終わらせればゲーム20分の権利。そして、漢字テストで80点以上とればゲーム30分の権利。さらに、塾のテストの順位が3000人中50番以内なら、新しいゲームソフトを買える権利、といった具合です。

「子どもの勉強に『報酬』を与えるなんて！」と驚かれるかもしれません。「勉強とは知を得るための崇高な学びである」と考えるかもしれません。しかし、知を得るための崇高な学びをするためには、その土台となる基礎訓練の苦しい反復が必要となります。

※33 僕の場合、ダイエットのためにジムに行くのではなく、美味しい料理を食べても健康でいられるためにジムに行っているので、この報酬は、モチベーションを上げてくれる。

※34 『試験に受かる「技術」』（講談社現代新書）p.54-56

高等数学の論理展開を楽しむためには、土台に四則演算が必要であり、無味乾燥なかけ算の九九を繰り返さなければなりません。中国古典の崇高な世界を楽しむためには、土台に漢字を覚えなければならず、小学生は1006字を、何度も苦しい反復練習をして覚えなければなりません。苦しいステージでダラダラ時間を過ごさせて勉強嫌いにさせるくらいなら、このステージを一気に駆け上がるために「報酬」効果を使うのは、僕は悪くないことだと考えています。

「やる気」は簡単に出てくるものではありません。だから「やる気を出しなさい!」とか「やる気を出そう!」というのは無理な話だと僕は考えています。

だから、**「とりあえず、動く」。そうすれば、その後、やる気がついてくる。**そして、「報酬」をうまく利用して、「とりあえず、動く」きっかけをつくっていけばよいでしょう。

第5章

自分の判断軸を完成させるために、「信じる道」を貫き通す

第4章では、自分の判断軸を形成する最初のステップである「信じる道を探し出す」について検討した。**「信じる道を探し出す」とはすなわち、「目的地」に到着するために、この人のやり方なら成功できる、目標を達成できる、方法に賛同できる、自分もこの人に習ってやってみたい、という道を見つけること**である。

第3章では、「他人の判断軸を借りて利用する」ために、最初に信頼できる著名なキュレーターを選び、どういう判断軸で情報の取捨選択をしているのか分析しようという話をした。しかし、著名なキュレーターの判断軸が自分にベストフィットの判断軸かどうかはわからない。

そこで第4章では、自分にベストフィットの判断軸を見つけ出すために、できる限り多くの判断軸に触れるようにしようという話をした。しかし、第3章のステップを飛び越えて、いきなり第4章のステップに進んではいけない。第3章で検討した判断軸の分析の仕方を身につけていないと、多くの判断軸に触れようとした際に、「情報オーバーロード」を起こしてしまうからだ。

そうして第4章で「自分の信じる道」を見つけられたら、次のステップだ。自分の判断軸を形成する2番目のステップは、「信じる道を貫き通す」ことである（**図13**）。

図13

自分の「信じる道を貫き通す」

「信じる道を貫き通す」とは、自分の信じる道を見つけ出したら、途中、「この方法で本当によかったのだろうか」「他にも良い方法があるのでは」と不安になったとしても、フラフラせずに自分が選び出した「信じる道を貫き通す」ということである。

では、自分の「信じる道」を、どうやって貫き通していったらよいのだろうか。今から検討していこう。

信じる道を細部まで真似する。コピーする。憑依する。そうするとオリジナリティが生まれる

ＩＢＭのコンサルティング部門でエレクトロニクス企業を中心に戦略コンサルティングに携わる34歳。京都大学大学院経済学研究科修了。大学院修了後は、アクセンチュア戦略グループで、戦略コンサルタントのキャリアをスタートさせた。

　アクセンチュア戦略グループでは、当時の戦略グループ統括パートナー（後の日本法人会長）や通信業界担当パートナー（現在の日本法人社長）のプロジェクトに従事し、エレ

クトロニクス業界や通信業界向けのコンサルティングで活躍。その後、２０００年前後のＩＴバブル期に、弱冠30歳で、サイエント日本法人にマーケティング・ディレクターとして抜擢された。そして、ＩＣＧのヴァイスプレジデントを経て、ＩＢＭへ。ＩＢＭでは、部門最年少の34歳でクライアント・パートナーに。順調にコンサルティング業界で成長を続けることができた要因のひとつが、彼の「信じる道を貫き通す」力だった。

20代の頃から、社内でいくつもの重要プロジェクトに参画していた彼は、花形パートナーの下で仕事をすることが多かった。そこで彼は、愚直に花形パートナーの真似をした。まるで模写をするかのように。資料作成の技術、プレゼンの方法、論理構成の仕方。それだけではない。しゃべり方、部下への指導の仕方、歩き方も真似した。トイレにまでついていき、便器の前の立ち位置まで真似をした。一緒にランチに行ったときは、同じものをオーダーし、食べる順番まで真似した。他のコンサルタントからは、「歩き方がそっくりで、後ろから見るとどちらが本物かわからない」とまで言われた。

彼は、花形パートナーのスキルを真綿が水を吸収するかのように自分自身のものにし、その後、順調に成長することができたのである。そして、36歳にしてアカデミズムへ転身。経営大学院の准教授になった。

「信じる道を貫き通す」というときの、「貫き通す」とはどういうことだろうか。それは、「真似をする」ということだ。この真似は中途半端なものではない。**細部まで真似をする、模写をする、コピーして、憑依する。**これが「教わる」ときの姿勢だ。受け身でただ、ぼーっと「教わる」のではなく、前のめりになって細部まで観察し、完全コピーを目指す。

ＩＢＭで部門最年少のクライアント・パートナーになった彼は、若かりし頃、アクセンチュアで当時の花形パートナーの真似をすることでビジネスを覚えていった。花形パートナーが作成した資料の誤字脱字チェックを自ら名乗り出る。そして、誤字脱字チェックをしながら、その内容を半分くらいしか理解できなくても、何度も何度も読み返す。そうすることで資料の論理構成、あるメッセージを伝えたいときの効果的なチャートの作り方などが次第に見えてくる。

自分には参加の必要のない会議にも、「50部の資料、僕が持っていきます」と、かばん持ちならぬ資料持ちを名乗り出て、無理やり同じタクシーに乗るようにしていた。タクシーの助手席に座り、後部座席に座ったパートナーとマネジャーがプレゼンの前にどんな確認をしているのか、耳をダンボにしてひとこと漏らさず聞き取り、吸収した。

パートナーがクライアント先でプレゼンをしている間、会議室の片隅で、アイスブレイクの話題提供の仕方、スクリーンの前での動き方、間の置き方、目線の持っていき方、プレゼンが終わった後のクライアント企業の経営幹部との雑談の仕方など、すべてまばたきもせずに吸収した。会議中もほとんどまばたきをしないので、そのコンサルティング会社のパートナー会議では「あいつは会議中全然まばたきしないけど、目大丈夫か？」と有名になったほどだ。


自分の仕事をこなしながら、可能な限り花形パートナーのそばにいた。すべてを真似してやろうと思っていた。歩き方も真似していた。だから、クライアント企業から帰ってきて、コンサルティング会社社内でパートナーの後ろを歩いていると、他のコンサルタントは、「あいつ、何を真似して歩いているんだ？」と訝しがっていた。受付の女性は、彼の歩く真似を見て、下を向いて笑いをこらえていた（図14）。

彼はアクセンチュアで「信じる道」を複数見つけ、そのたびに真似をした。その後もサイエントで、副社長の真似をした。プレゼンの仕方など瓜二つで、ほぼ完全にコピーして

図14

すべてを真似するために、歩き方も真似していた

再現できるようになっていた。彼はいろいろな「信じる道」をコピーし、完全に模写することで、ハイブリッドな資料作成技術、プレゼン技術、論理構成技術を身につけることができたのだ。

そして、それがいつの間にか、彼のオリジナルになった。**いろいろな「信じる道」を真似し続けることで、最後にオリジナルができたのである。**

なぜ、彼は他人の真似、言いかえれば、他人の判断軸を借りまくったのか。それは、彼が空っぽだったからである。

京都大学大学院経済学研究科を修了し、アクセンチュアにはＡＡ入社。期待されての入社ではあったが、現場の最前線のコンサルティングと大学院で学ぶ経営学には、メジャーリーグと河川敷での草野球ほどの差があった。彼は、自分の空っぽさを痛感することになった。自分が空っぽであるがゆえに、空っぽの自分には何かを詰め込まないといけないし、空っぽであるがゆえに、詰め込む余地はたくさんあるだろうと考えたわけだ。

そこで、幼稚園児が空っぽのバケツに砂場の砂をパンパンに入れるがごとく、空っぽの自分に、花形パートナーのビジネスのやり方を詰め込んでいったのだ。

しかも、詰め込むビジネスのやり方は1種類ではなく、何種類ものやり方だった。**何種類ものやり方をブレンドすることで、いつの間にかそれは、彼自身のオリジナルのビジネス方法論に昇華した。**

300冊以上のビジネス書から、「信じられる道」を探し出す。探し出したら、ボロボロになるまで読み尽くす。そして、教えることで完全に「教わり」きる

外資系ITサービス会社日本法人社長（37歳）。東京大学経済学部卒業後、アクセンチュア戦略グループに入社。最初のプロジェクトは最大手製薬企業だったのだが、コンサルティングの内容も、会議で話されることも、さっぱりわからない。そこでコンサルタント1年生のときには、経営戦略やマーケティングに関するビジネス書を年間300冊以上読み込んだ。マイケル・ポーターやフィリップ・コトラーといった大御所の「教科書」も役に立ったのだが、彼の「信じる道」は、『グロービスMBAマネジメント・ブック』（ダイヤモンド社）だった。

これはグロービスＭＢＡシリーズのなかでも一番基礎編であり、経営戦略からマーケティング、アカウンティング、ファイナンス、人・組織といったビジネス全体を網羅できる書籍でもある。この本と彼の出合いは、アクセンチュア戦略グループの図書室だった。大学の図書館のように立派なものではないが、ビジネスに関する国内外の書籍が数多く収められていた。当時の戦略グループの１年生コンサルタントや２年生コンサルタントは、なんとか一人前になろうと必死で、夜中２時や３時になっても勉強している人間がちらほらいた。なかには寝袋持参の人もいた。そんななか、彼がふと手にとったのが、『グロービスＭＢＡマネジメント・ブック』だった。

４年後にマネジャーに昇進し、グロービス・マネジメント・スクールで経営戦略の講師をする機会を得た。あらためてこの本を読み込み、それを「教える立場」で活かした。その内容を完全に理解し、「信じる道を貫き通し」た。

外資系戦略コンサルタントの「信じる道」が、『グロービスMBAマネジメント・ブック』だというと意外に思われるかもしれない。プロ野球選手にとっての『入門 野球のルールブック』、プロゴルファーにとっての『グリップとスイングの基礎』みたいなものだからだ。

しかし、彼が今から15年以上前に手にした「初版」の執筆陣は、実に豪華だった。グロービスが今のように有名になる前夜、まだ名も無き一スクールから成長しようとしている頃、現アクセンチュア日本法人社長の程近智氏や、ボストンコンサルティンググループから日本ヒューレット・パッカード社長、ダイエー社長、マイクロソフト日本法人社長を歴任している樋口泰行氏などが執筆陣に入っていた。彼らが外資系コンサルティング会社やIT企業の経営者ではなく、組織を代表する、現役の花形コンサルタントとして活躍していた頃の、まさに「旬な時代」の著作である。

たとえるならば、『グリップとスイングの基礎』を2000年初頭、強かった時代のタイガー・ウッズやフィル・ミケルソンが執筆しているようなものだ。仮にこのような本があれば、プロゴルファーにとっても基礎を再確認する良い機会になるだろう。

彼は1年生コンサルタントの頃、300冊以上のビジネス書を読み込んだ。その後もコンスタントに年間100冊以上のビジネス書に目を通している。しかし、それでも『グロービスMBAマネジメント・ブック』が、自分の「信じる道」だという。なぜか。彼曰く、

「僕は外資系ITサービス会社の日本法人の社長という立場なので、年間100日くらいは世界を旅している。でもね、いろいろな国で刺激を受けてインスパイアされても、僕の拠りどころは、ここ日本なんです。日本人というアイデンティティと日本で受けた教育が僕の判断軸で、そこにいろいろな刺激が加わり、僕の判断軸を豊かにしてくれる。同じように、今でも僕にとって『グロービスMBAマネジメント・ブック』は拠りどころです。新しいビジネス書を読んで刺激を受けたときも、その刺激を成長につなげられるのはこの本のおかげで、僕のなかに原理原則や判断軸ができているから。だから僕は、いろいろなビジネス書との距離感を、適切に測ることができる」

たとえば研究開発の効率化のビジネス書を読むとき、そのメインテーマは「研究している技術要素をどう効率的に開発に結びつけるか」ということになる。

しかし、「効率的に結びつける」とは何かを考えたとき、それは市場ニーズを把握する「マーケティング」の問題でもあり、将来への投資をどう回収するのかを考える「ファイナンス」の問題でもある。研究者・技術者のモチベーションを向上させながら、彼らにマーケティング・マインドを持ってもらう「人・組織」の問題でもある。

彼がひとつのトピックを読むときに、このような複眼で思考できるようになったのは、ビジネス上のさまざまなトピックをコンパクトに1冊にまとめてくれたこの本のおかげなのだ。

いろいろなビジネス書に、さまざまな新しい経営理論が紹介されている。しかし、どんなに目新しい理論が出ても、彼は「目から鱗が落ちる」ことはない。その理論は『グロービスMBAマネジメント・ブック』の原理原則と何が同じで、何が違うのか、その距離感を、冷静に判断する。そして、その新しい理論を評価する。そして有用なものは使い、そうではないものは使わない。新しい経営理論に決して踊らされることなく、「教わる」ことができているのだ。

彼の『グロービスMBAマネジメント・ブック』は、もうボロボロである。背表紙はすでに外れ、ビニールテープで留めてある。何度も読んでいるページは破れかかっている。書籍の角は丸くなり、意外に触り心地は良い。高校生の使い込みまくった英単語帳のようになっているが、彼曰く、

「ここまでくるとお守りみたいなもので、カバンに入れておかないと落ち着かない（笑）」

これこそ、「信じる道を貫き通し」た結果だろう。

彼の「信じる道を貫き通す」ことは、これで終わったわけではなかった。彼は外資系コンサルティング会社に入社後４年でマネジャーに昇進した。同期と比較しても早い昇進だった。そして、グロービス・マネジメント・スクールで教鞭を執る機会を得た。

「教わる」ことと「教える」ことは、その責任の重さが段違いである。

東京から新大阪へ向かう新幹線のなかでコーヒーを飲みながら『グロービスＭＢＡマネジメント・ブック』を読み、「教わる」ことはできる。たまに、車窓から富士山を眺め、「おー、今日もきれいだなぁ」なんて言いながら。

しかし、「教える」ときはそうではない。『グロービスＭＢＡマネジメント・ブック』に書かれている文章は、なぜそのようなロジックで書かれているのか。自分が教壇に立ち、学生に教える際には、何を教え、何を教えないのか、教える際には、どういうロジックで彼らに理解させるのかということを考えなければならない。

これまでも彼は能動的に読書をしていたが、マネジメントスクールで教えることになってからは、さらに前のめりに読書をするようになったという。その結果、『グロービスMBAマネジメント・ブック』に出てくるケースはほぼ完璧に覚え、そこに書かれているロジックで説明できることはもちろん、自分なりのロジックも複数用意し、それを何も見なくてもスラスラ話せるようになった。今や、この分野であれば、とくに準備をしないでも、3時間でも4時間でも講義ができるようになっている。

彼は、「教える」ことで、完全に「教わり」きった。彼の「信じる道」である『グロービスMBAマネジメント・ブック』を「貫き通し」まくった状態だといえよう。

スコアが伸びなくても、一度信じたレッスンプロは絶対に変えない

ゴルフを上達したいと思ったら、レッスンプロに「教わる」のが一番の近道である。しかし、「教わる力」があるゴルファーと、ないゴルファーでは、その上達に大きな差が生

じる。ここでは、2人のゴルファーをご紹介しよう。

中堅ゼネコンのCADエンジニア（31歳）。東洋大学理工学部卒。次の春に主任に昇進することを内示されていて、「顧客との付き合いも増えるので、ゴルフを始めておくように」というアドバイスを課長から受けた。ゴルフ好きの課長で、クラブ選びから付き合ってくれるという。ありがたい話なので一緒にクラブ選びに付き合ってもらい、その流れで、課長からレッスンを受けることになった。

課長曰く「ゴルフの基礎はアドレス」。重要なのは拇指球に体重をかけること、踵やつま先ではなく拇指球を意識せよという。アドレス時の体重配分は左50％、右50％。テイクバックからトップに入り、右足に70％体重を乗せる。ダウンスイングを経てインパクトでは左足に70％体重を乗せる。

教えを守りながら、練習に励んだ。でも、わからない。「トップに構えたとき、自分の体重は右足に70％乗っているのだろうか？　すでに85％乗ってしまっているのではないか？」

イマイチよくわからないので、課長に教わるのはやめ、平均スコア94の、同僚のなかで唯一100を切る営業部の友人に教わることにした。すると彼は言う。「最初はグリップだ。グリップ。とにかく柔らかく握ろう」。どのくらい柔らかく握るのかというと、寿司をつまむときくらいの力だという。教えを守ろうとしたのだが、フニャフニャのスイングになるし、いつかクラブが手からすっぽ抜けそうで、とても怖い。

「なんか違うよなぁ」と思い、書店のゴルフコーナーへ。そこで、ゴルフ週刊誌を買ってみた。すると「捻転差が勝負を分ける」と書いてある。下半身を固定し、上半身をしっかりねじることで上下の捻転差が生まれ、パワーの源となるらしい。骨盤を固定したまま肩をねじってみたのだが、それほど回らない。すごくキツい。「ゴルフってこんなにキツいスポーツなのか?」と信じられなかった。練習場で、骨盤を固定し、テイクバックから体重移動を右足に70%、できる限り柔らかくクラブを握り、次第に頭のなかがパンパンになってきた。

そこに、その練習場のレッスンプロが声をかけてくれた。藁にもすがる思いでレッスンをお願いした。「頭が動いていますね~」と言いながら、「頭の左右に金タワシをぶら下げているイメージで。それにぶつからないようにいきましょう。あと右ひざが右に流れていますす。アドレスしたら右ひざの横に剣山があるつもりで。インパクトで手元が浮いています。アドレスした両手の先に日本刀が置いてあるイメージで。手元が浮いたら切れますよ」[※35]と怖いことを言われる。緊張して、うまくテイクバックできない。そんなこんなで、何が正しいのかわからず、スイングががんじがらめ。「なんだよ、あのレッスンプロ。全然ゴルフ上手くならないじゃないか。使えない」

結局、今のところ平均スコアは155。ベストスコアは132。ゴルフを始めてから半年たったが、全然上達していない。100切りまでは、まだまだ時間がかかりそうだ。

せっかくゴルフを始めた彼だが、なかなかスコアが伸びない。それだけでなく、傍から見ていて、ゴルフが楽しくなさそうだ。なぜこのような状況に陥ってしまったのか。それは、誰かにゴルフを教わっても、自分に合わないと思うとすぐにやめてしまい、次から次へと教わる相手を変えてしまっているからだ。

そうなる理由は2つある。

※35　『GOLFコミック』（秋田書店）2015年1月号、「ほっこりゴルフ屋さん」を参考。

①相手がなぜそれを教えてくれるのか、相手の判断軸を分析する力がないから
②自分の「信じる道」を見つけられず、「信じる道を貫き通せ」ないから

第3章で検討したとおり、相手の判断軸を分析する視点を持たないまま、いろいろな情報に接すると「情報オーバーロード」に陥ってしまう。そうすると、何が重要な情報で何が不要な情報なのかがわからず、頭のなかがパンパンになり、思考停止してしまう。今ご紹介した彼は、自分の判断軸がないまま、いろいろなことを言われ、何が正しいのか、何が自分に必要なのか判断できなくなっている。

また、場当たり的に目の前に現れた情報を利用するだけである。第4章で検討した、多くの情報に触れることで「自分の判断軸」をつくろうとするのではなく、偶然出会った情報に触れるだけ。**そして、振り回されるだけ。**こういう状態では第5章で検討しているように「信じる道を貫き通す」ことなど、できない。その結果、いつまでたっても「教わる」ことができないわけだ。

このようなケースは、枚挙にいとまがない。学習参考書や問題集を選ぶときに、「買ってはちょっとだけやり、買ってはちょっとだけやり」という親子を目にすることがある。学習参考書や問題集を買って、やってみるのだが、「なんだかおもしろくない。この参考書は私には合わない。この問題集を子どもにやらせてみたが、成績が上がらない。この問題集はダメだ」といって、また、新しい学習参考書や問題集を買い求めるのである。

そうすると、最初の部分だけはできるようになる。学習参考書や問題集を買って、最初の部分だけを繰り返すことになるからだ。しかし、残りの大部分は手つかず。こんな状況では、いつまでも力をつけることはできない。いつまでも力をつけることができないので、成績が上がらない。そしてそれを、学習参考書や問題集に責任転嫁する。

なぜこのような状況に陥ってしまうのか。それは、「青い鳥」を探しているからだ。

「いつか、僕にベストの学習参考書が現れるはずだ。今使っている参考書は、ベストではない」「いつか、私にぴったりの問題集と出合えるはずだわ。今の問題集は、私には合わない。だから、成績が上がらないのよ」といったように。

断言しよう。彼らはこれからも「青い鳥」には出合えない。このまま「学習参考書や問題集を買ってはちょっとだけやり」を繰り返す。そして、自分の「目的地」にはたどり着かない。なぜならば、学習参考書や問題集は汎用品であり、それを学習する一個人、個人にベストフィットするようにはつくられていないからだ。だから、ある個人にベストフィットの学習参考書や問題集は、世の中に存在しない。

自分の「信じる道」は、ベストフィットで目の前に現れるものではない。「信じる道を貫き通し」ながら、自分にベストフィットになるようにカスタマイズしていくものなのである。

ゴルフレッスンも同様である。ゴルフには、本当にさまざまな理論がある。ある意味、「情報オーバーロード」に陥りやすいスポーツである。だから、ゴルフ理論を一つひとつ真に受けていては、自分の頭のなかがパンパンになってしまうし、その理論に翻弄されてしまう。

だから、なかなか結果が出なくても、ある一定の期間は、「自分の信じる道を貫き通し」、それが本当に正しいのかどうかを吟味しなければならないのである。

では、ここでもうひとりご紹介しよう。第4章の冒頭で登場いただいた彼だ。

三菱ＵＦＪモルガン・スタンレー証券でM&Aのアドバイザリーを行う23歳。京都大学経済学部卒業。友人から誘われる機会が増え、ゴルフを始めて4か月。ゴルフ部出身でシングルの腕前を持つ友人から、最初はプロからレッスンを受けたほうがよいと勧められ、都内のゴルフ練習場でレッスンプロから4か月間指導を受け続けた。スコアは順調に伸び、今年に入ってからの平均スコアは１０７。

今のレッスンプロ以外の視点も得たいと思い、毎週違うレッスンプロから指導を受けることにした。合計15人のレッスンプロから指導を受けたのだが、みんな言うことが違う。でも、伝えたいことは実は同じであることもわかった。

そこで彼は、伝えたいことを自分が一番理解しやすい言葉で伝えてくれる、もともと教わっていたレッスンプロの下へ戻ることにした。「このプロが、僕が信頼して、頼りにできる判断軸だ。この人についていこう」。そう決心し、現在も週末のレッスンを受け続けている。

この話には、続きがある。

さらにレッスンを受け続けて、半年が過ぎた。現在の平均スコアは、94。ベストスコアは88。念願の100切りを達成した。ゴルフを始めて、1年かからずに100切りを達成したことになる。大学時代の仲間たちからの誘いも増え、コースに出ても、心に余裕を持ちながらゴルフを楽しめるようになった。

この半年の間に、いろいろなゴルフ理論を目にしてきた。友人とのラウンドの間に、友人が独自の理論を紹介してくれる。ゴルフ雑誌をパラパラめくると、毎週のように新しい理論が紹介されている。それらの理論が気にならなかったわけではない。でも、彼はぶれなかった。**今は「教わって」いるプロを信じているし、自分に必要なのは「教わり」きること。**教わりきった後で、「自分とは違う」と感じるのであれば、教わるのをやめればいいけど、今はまだ「教わる」途中。自分で「信じる道」なのだから、それは「貫き通す」。

その結果、次第にスコアは良くなり、とうとう100切り。最初のゴールを達成できた。

そして、なんと次のラウンドで自己最高の88。次のゴールもすぐに達成できた。

今の自分の新たなゴールは、平均スコアを90にすること。「信じる道を貫き通せ」ば、そう時間はかからないと思う。そう。ゴルフも大学受験も同じだから。「信じる道を貫き通せ」ば、必ず勝てる。

彼も成長過程で、いろいろなレッスンプロやゴルフ雑誌の理論に出合ってきた。でも、「情報オーバーロード」を起こすことはなかったし、情報に振り回されることもなかった。なぜか。理由は2つある。

①借り物であっても自分の判断軸を形成しつつあったこと
②自分の判断軸を形成するために、いろいろな判断軸を比較するという視点があったこと

彼の場合、すでに4か月間、あるレッスンプロから指導を受けたうえで、いろいろなレッスンプロから指導を受けることにした。だから、最初のレッスンプロの判断軸を借りて利用することで（借り物であったとしても）自分の判断軸を形成しつつ、いろいろな情報に接することができたのである。だから、いろいろな情報に接しても、「情報オーバーロード」を起こすことはなかったし、情報に振り回されることもなかった。

また、彼はいろいろなレッスンプロから指導を受けても、冷静だった。それは、自分の判断軸を強固なものにするために、自分の判断軸と比較をする視点で、指導を受けてきたからである。だから、レッスンプロから指導を受けて、「目から鱗が落ちる」こともない。自分の判断軸と比較をしながら、その指導を受け入れるか、受け入れないかを判断するだけであった。


一見順調に上達しているように見える彼も、なかなかスコアが伸びない時期があった。現在は100切りを達成しているが、107から100を切るまで、2～3か月のあいだ右往左往した。その頃はスライスが出なくなり、ややフックが出るようになってきていたが、それをできるかぎりストレートに飛ばせるようにと、グリップやスイング軌道を修正していた。何かを修正すれば、それに慣れるまでは、一時的にパフォーマンスが落ちる。

業務プロセス改革も同様だ。慣れ親しんだ段取りが変わると、新しい段取りに慣れるまで、いったんパフォーマンスが落ちる。卑近な例でいえば、ウインドウズのOSやOfficeがバージョンアップしてインターフェースが変わったときなど、ファンクションがどこにあるのかわからず、一瞬戸惑うことがあるだろう。そうして、いったんパフォーマンスが落ちるのだ。

ゴルフも同様で、何かを変えようとするとしばらくスコアは停滞する。ときには落ち込む。しかし、何かを変えようとするときは、それを我慢し乗り越えなければならない。

かつて片山晋呉プロは、スイング改造のため江連忠プロの門を叩いたときに、3年がかりで、その改造に取り組んでいる。プロフェッショナルですら、何かを修正するときには、そこまでの時間をかける場合があるわけだ。それを我慢して乗り越えたからこそ、1998年に「サンコーグランドサマーチャンピオンシップ」でレギュラーツアー初優勝を果たすことができたのである。

「自分の信じる道を貫き通し」た彼は、すでに自分の判断軸が出来上がっている。だから、「自分の信じる道」であるレッスンプロから受ける指導を、常に「自分の言葉」に置き換えている。

たとえば、「テイクバックで右腰を後ろに回したら、ダウンスイングではそのまま左へ持っていくイメージで」と指導されると、「今のスイングでは、右腰が自分のイメージよりも早く戻り、その結果、体が開いているんだな。だから、右肩もツッコんでしまうんだ」と自分の言葉で解釈する。そうして、自分なりの理解を基に、スイングを修正していくのである。

一方で、レッスンプロから受ける指導のなかでも、自分が納得できないものは、距離を置いたり、聞き流したりすることができるようになった。彼には、どうしてもボールの手前（右側）を打つ癖があった。ボールをクリーンにヒットするために「極端に言えば、ボールの前を打つイメージで」という指導を受けていたのだが、そうすると体が突っ込んでしまう。なので、自分が左側に移動してボールを相対的に右に置くことにした。その結果、ボールのつかまりがよくなり、飛距離も正確性も向上した。

レッスンプロに「教わり」きることで、レッスンプロから少しずつ独り立ちできるようになってきたのである。言いかえれば、レッスンプロからの指導を「守り」きり、少しずつそれを「破る」ことができるようになってきたのだ。この**「自分の信じる道」を「破る」ことが、独り立ちするということであり、「教わる力」の完成形である。**

では、「自分の信じる道」をどう「破り」、独り立ちしていったらよいのか、章を改めて検討していこう。

Q 麻布中学の2年生です。僕の勉強のスタイルは、音楽を聴きながら勉強するスタイルなのですが、母からは「『ながら』勉強はやめなさい！ そんないい加減な勉強をしていると、成績のびないわよ！」と、口を酸っぱくして言われます。「別に、音楽聴きながら勉強したって構わないだろ！」と思うのですが、音楽を聴きながら勉強してはいけないのでしょうか？

「音楽を聴く」勉強ならダメだと思いますが、「音楽が聴こえなくなる」勉強なら最高にOKだと思いますよ。なんだか禅問答みたいで、わかりにくいですね（笑）

では、音楽を聴きながら「音楽が聴こえなくなる」勉強って、どういうものでしょう。

僕は、アクセンチュアやIBMでコンサルタントをしていたとき、ヘッドフォンで音楽を聴きながらプレゼン資料を作成し、リサーチをしていました。ブランニューの1年生のときから、そういうスタイルです。先輩のコンサルタントやマネジャーからは、「生意気な奴だ！」と思われたかもしれませんが、一切気にしませんでした。今も、大学の研究室でも自宅の書斎でも、原稿を執筆するときは、ヘッドフォンで音楽を聴きながら執筆をしています。

なぜこういうスタイルをとっているのかというと、音楽を流すことで自分の耳が外界と遮断され、目の前の資料作成やリサーチ、執筆活動に集中できるからです。

僕は、資料を作成しているとき、リサーチをしているとき、原稿を執筆しているとき、ヘッドフォンから音楽は流れていますが、「音楽を聴」いてはいません。そうではなく「音楽が聴こえなく」なっています。音楽は流れているのでしょうが、そちらには一切気は向いておらず、目の前の資料作成や原稿執筆にすべての集中力が注がれているからです。

だから、気がついたら聴いていたアルバムがすでに3周して、4周目にさしかかっているといったこともあります。これは、アルバム3周分の時間、非常に高い集中力を発揮できたことになります。

このように、音楽を聴きながら何かを作業するときに、それが集中力を高めるためである場合、その「ながら」勉強は、全く問題なく、最高にＯＫであると思います。

先日、息子が小学校の交換留学で米国のサンフランシスコへ行っていたので、一緒にシリコンバレーに行き、アップルやグーグルを見学してきました。非常に自由な雰囲気のなか、社員は各自が思い思いのスタイルで仕事をしています。

中庭のベンチに座って仕事をする人、芝生に寝転がってテレカン[※36]をしている人、ソフトクリームを頬張りながら、ヘッドフォンで音楽を聴きパソコンに向かっている人。全く自由です。でも、彼らの仕事の生産性は高く、ちゃんと成果を出しています。

日本のビジネスパーソンは、テレカンするにも、わざわざ会議室にこもったりしますが、大事なのは、会議室にいることではなく、その内容です。内容が良ければ、芝生に寝転がり「ながら」テレカンしてもいいわけです。

本書では、「教わる力」を鍛えるときに、ナビゲーションの設定が重要であると説明しています。「目的地」と「現在地」を適切に把握し、最短距離・最短時間のルート設定をしようと言っているわけです。ただ、コラム以外の本論では、最短距離の設定の説明に重きを置いています。

しかし、最短距離のルート設定をできても、そこを走るスピードが遅かったら、到着時間は遅くなるんですね。では、どうすれば、最短時間で「目的地」に到着できるのか。それは、日々の走る時間を長くするか、走るスピードを上げることです。

この走るスピードを上げるのが、集中力です。集中力の高め方は、麻布中学や麻布高校の先輩たちが、それぞれ独自のやり方を持っていると思うので、是非、聞いてみてほしいのですが、音楽を聴きながらでも、十分試せます。

・1時間勉強をしたときに、最初の曲が終わる前に「音楽が聴こえなくなった」のであれば、よい集中力がある。勉強を始めて3〜4分以内に、高い集中ゾーンに入ることができた。
・2曲目まで「音楽を聴い」ていたなら、集中力不足。3〜4分で、集中できていない。

※36 Teleconferenceの略。電話会議のこと。

集中力が続くようになると、アルバム3枚分くらい「音楽が聴こえなくなる」ようになりますが、最初のうちはアルバム1枚で十分です。ヘッドフォンから音楽が流れているのに「音楽が聴こえなくなる」状態を目指していきましょう。

まとまったプレゼンテーションを考える際には、散歩しながら集中力を高める方法もオススメです。僕は、講義の構成を考えたり、書籍執筆の章構成を考えたりするときには、よく散歩をします。日本橋から上野まで往復したり、日本橋から丸の内へ行き、さらに皇居を1週、ぐるっと回ってきたりします。

散歩の良いところは、歩いていると考えること以外にすることがなくなることです。音楽を聴きながら歩くこともできますが、あえて聴かずに歩きます。「爽やかな風だなぁ」とか「きれいな空だ」と風景を楽しむこともできますが、それはそれで散歩を楽しみたいときにします。そうすると、考えること以外することがなくなるのです。だから、考えます。

ここでは、散歩を利用した集中力の高め方です。もちろん目の前には道路が広がっているわけですが、一方で僕には、目の前にスクリーンが見えます。そこで、僕は講義をしています。どういう講義を展開していき、どこで学生からどんな質問が出るのか、それにどう答えるのか、考えます。事前にシミュレーションをしていくわけです。シミュレーションをしながら、「ここはこのように説明を変えていったほうがよい」と思いつき、修正をしていきます。だから、90分の講義であれば、120分の散歩時間が必要になる。これだけ歩くと健康にもよさそうですね。頭が活性化されます。

立って、散歩しながら考えること・勉強することは、医学的にも良いと考えられているようです。立ち上がることにより、脳の奥深い部分にある脳幹網様体と呼ばれる部分が刺激を受け、脳全体が覚醒し、集中力がアップするからです。[※37]

音楽を聴き「ながら」でも、散歩し「ながら」でも、それが集中力をアップさせることになるのであれば、「ながら」勉強は、最高にOKです。

※37 『試験に受かる「技術」』(講談社現代新書) p.186

第 **6** 章

自分の判断軸を「自分の信じる道」にする。そうすれば、「教わる力」が完成する

第5章までは、他人の判断軸を「自分の信じる道」にし、一度そうしたのであれば、途中でフラフラすることなく「貫き通す」べきであると指摘してきた。

そして、他人の判断軸を細部まで真似し、完全にコピーし、使いこなすことにより、それは次第に自分自身のオリジナルの判断軸となっていく（図15）。

自分自身のオリジナルの判断軸が出来上がれば、その判断軸に従い、目の前に現れる膨大な情報を取捨選択し、自分に重要な情報、必要な情報だけを選択できるようになる。自分に重要な情報、必要な情報を選択できれば、そこに集中して自分の力を投資していけばよい。そうすることで、生産性が向上し、成果を出せるようになっていく。

ユニ・チャームは、トヨタやP＆Gのベストプラクティスに「教わり」、今度はベストプラクティスになった

ユニ・チャームは、紙おむつや生理用品など、不織布・吸収体などの事業領域で日本を代表する企業だ。高原豪久社長は社長に就任した2001年以降、外資系コンサルティング会社と共に、特に営業部門での改革を行ってきた。そのひとつがOGISM

図15

自分オリジナルの判断軸で、生産性を向上させ成果を出す

Aである。

半期でどのような状態（Objective）をつくりあげ、そのときにどのような結果（Goal）をもたらすかを明らかにする。そして、その結果を実現するための課題（Issue）を明確にし、課題解決のための戦略（Strategy）を策定し、その進捗を図るための判断基準（Measurement）を決定して行動する（Action）というものだ。

これは、P＆Gの目標管理手法、目標達成手法をベストプラクティスとし、ユニ・チャームに導入したものである。ライバル関係にあるP＆Gから「教わる」という点に、愚直に営業改革を進める意思を感じる。

そしてもうひとつが、UTMSS（ユニ チャーム トータル マネジメント ストラテジック システム）である。これは、トヨタ生産方式のなかで改善活動をベストプラクティスとし、ユニ・チャームに導入したものである。

ユニ・チャームは、トヨタや、ライバル関係であるにもかかわらずP＆Gを「自分の信じる道」として、愚直に真似をし続けた。そして、愚直に真似をする過程で、次第にユニ・チャーム流にアレンジし、最終的には、ユニ・チャーム独自の目標管理手法、改善活動に昇華させた。ユニ・チャームのOGISMAやUTMSSが、ユニ・チャームの「自分独自のオリジナルの判断軸」となったのである。

第1章、第4章でも検討したように、それぞれの企業には、それぞれの業務プロセスが確立されている。それは、それぞれの企業の組織能力に応じ、試行錯誤で確立されたものである。その経緯や組織能力を踏まえずに、ベストプラクティスを新たな業務プロセスとして単純に導入しても、それは機能しない。

ユニ・チャームは外資系コンサルティング会社と一緒に、営業改革のベストプラクティスを国内外から集め、そのなかで「自分の信じる道」として、トヨタとP&Gを選び出した。そして、それから愚直に「教わり」続けるわけだが、違う文化、違う事業規模の、違う組織能力の企業の業務プロセスから「教わる」ことになるのだから、そのままベストプラクティスを新たな業務プロセスとして導入できるわけではない。

そこでユニ・チャームは、営業部門の組織能力を、2・6・2に分けた。パフォーマンスの高い上位2割、平均層6割、下位2割だ。そして、特に下位層のパフォーマンスを引き上げるために、これらのベストプラクティスを活用した。

高原社長は言う。

「たとえば、ホームランを打てといっても何をすれば良いのかわからず、ホームランは打てない。しかし素振り1000回やれといえば誰でもできる。結果をそろえることはできないけれども、可能にする体質をそろえることはできる」[※38]

「一般的に人間の能力を向上させようとしたら、反復練習を行うしかない。天才と言われるプロスポーツの選手だって、基礎練習を繰り返すでしょう。それと同じことです」[※39]

OGISMAを目標達成のツールとして使うというより、目標達成のための問題解決トレーニングツールと位置づけたわけだ。目標達成のツールとして使うと、パフォーマンスの高い層には役に立つだろうが、下位層のパフォーマンスを引き上げるツールとしては、ハードルが高い。目標を達成できないから下位層にいるんだから。

だから、「目標を達成するために、まず、どういう問題解決をしなければならないのか考えよう」という反復練習のツールにしたわけだ。OGISMAはP&Gの目標管理システムをベストプラクティスとするものだが、P&Gにこういう下位層のパフォーマンス改善の発想があったかどうかはわからない。

しかし、ユニ・チャームは、OGISMAを使いこなしていくうちに、独自の使いこなし方を考え出したわけである。

このユニ・チャームのＯＧＩＳＭＡやＵＴＭＳＳ、今回はご紹介していないがＳＡＰＳといった経営手法や目標管理手法は、今やベストプラクティスとなり、さまざまな企業がユニ・チャームに「教わって」いる。

これらの企業は、ユニ・チャームの判断軸を借りて利用する。その後、それぞれの企業の独自の判断軸をつくりあげ、パフォーマンスを向上させていくことだろう。

「他人の判断軸」を利用し、「自分の判断軸」を磨き上げる

ビジネス書著者（36歳）。慶應義塾大学環境情報学部卒業後、アクセンチュア戦略グループへ。製薬業界のＭＲ生産性向上、通信業界の法人営業改革などに携わった

※38　水口健次の戦略コラム／Interview/No.103【マーケティングホライズン 2007.02】
※39　日経ビジネスオンライン ２０１１年2月23日「ユニ・チャーム 反復練習で自律的な社員を育てる」

後、独立。これまでに10冊以上のビジネス書を上梓し、論理思考やマーケティング領域の著書は、ベストセラーを連発している。彼もまたアクセンチュアで「自分の信じる道を貫き通し」、その結果、自分自身の判断軸を手に入れた。

彼は、自分が多数執筆している領域である論理思考やマーケティング領域のビジネス書を読むことも多いのだが、彼のビジネス書の読み方が面白い。まえがきを読んだあと、目次を読む。目次をじっくり読みながら、このビジネス書はどういう展開で、どういう説明をしてくるのか予想をする。そして、自分が興味を持った部分だけを読んでいく。自分の予想したとおりの説明であれば、彼の勝ち。自分の予想したとおりの説明でなければ、彼の負け。というか、「なるほど、こういう説明の仕方もあるのか！」と、新たな説明の仕方を自分のものにしていく。

彼にとって、ビジネス書を読むということは、単純に新たな知見を得る「教わる」機会であるというだけではない。自分が執筆する次の書籍での説明方法を、ブラッシュアップする機会でもあるのだ。「ビジネス書を読めば読むほど、僕の判断軸が磨かれていく。本当に楽しい時間だね」そういって、彼は笑っていた。

第2章から第5章まででご紹介したビジネス書の読み方と、今回第6章でご紹介したビジネス書の読み方の違いは、どこにあるのか。第5章までは、「他人の判断軸を完全に理解しましょう」、言いかえれば、完全にコピーできるようになりましょうという読み方、すなわち「他人の判断軸」ありきの読み方である。

一方、第6章でご紹介したビジネス書の読み方は、「自分の判断軸に対して、他人の判断軸はどこが違い、どこが同じなのか？」という読み方、言いかえれば、**すでに自分の判断軸があり、他人の判断軸はそれを超える面白い見方、新しい見方を見せてくれる、という読み方**であり、すなわち「自分の判断軸」ありきの読み方であるといえる。

たとえば、帰納法の説明をするときに一番肝となるのは、根拠と結論を結びつける因果関係をどう説明するかだ。自分が読んでいるビジネス書は、自分が書いた本よりもわかりやすいケースで書かれているかどうか、自分よりもシンプルに因果関係を説明できているかどうかを判断するのである。

これは、「帰納法とはなんぞや」ということを「教わる」読み方ではない。自分自身の「帰納法」の理解をブラッシュアップするための読み方なのである。

しかし、「帰納法」を「教わり」きるためには、このレベルが最終「目的地」のはずだ。ビジネス書を読んで、「へー、帰納法って、根拠と結論を因果関係でつなぐ構造なんだ！」と言っているうちは、まだ「教わり」きったレベルではない。自分自身で「帰納法とは……」と説明でき、他人の帰納法の説明と比較して、この部分は同じ説明の仕方だが、あの部分はちょっと説明の仕方が違うし、認識も違うなぁと理解できるレベルが、「教わり」きったレベルである。

そして、こういう「教わり」方ができるのは、自分自身の判断軸ができた後なのである。

真似をしてきた先生と競い合うことで、先生から卒業し、大きく羽ばたくことができる

ハーバード大学2年生。筑波大学附属高校卒業。現役で東京大学文科Ⅰ類とハーバード大学にW合格し、ハーバード大学に進学。外資系投資銀行のマネジング・ディレクターである父の影響で、米国の大学進学を希望していた。中学時代、高校時代に米国留学経験がある。

東京大学とハーバード大学は、入試のスタイル、傾向共に大きく異なるが、彼は中学1年から鉄緑会に通い、東大入試対策を行った。最初のうちは、先生が教えてくれる解法見事で、毎回、徹底的に復習し、その解法を丸暗記していた。

高校1年になる頃から、次第に、自分の解法と先生の解法を比べるようになる。先生の解法よりも1行でも少なく、少しでもシンプルに、でも必要な要素はすべて入れるという解法を考え続けた。自分なりの解法を考え、発表すると、それをしばらく眺めた先生が一言、「美しい」。このうえなく嬉しい瞬間であり、先生に褒めてもらうために、すべての授業の説明を聞き漏らさず、同時に「自分だったらどう説明するか」を考え続けた。

東京大学に合格後、鉄緑会の先生に合格の報告に行ったところ、先生はこう言っていた。「君は間違いなく合格すると思って、安心してみていた。君は、僕たちを超えるために、自分ならどう説明するかを必死に考えていた。単純に僕たちの講義を受け身で聴くのではなく、能動的に自分ならどう説明するかを考えていた。それが『教わる力』だ。ハーバード大学でも、君の『教わる力』を発揮して、大きく羽ばたいてくれよ」。

彼は最初のうち、先生が教えてくれる解法を毎回徹底的に復習し、丸暗記していた。日

本では丸暗記というとマイナスイメージがあるが、丸暗記は決して悪いことではない。

ゴルフの素振りは、プレーンスイングを覚えるための丸暗記だ。テニスの素振りも、スイングを覚えるための丸暗記だ。筋トレやストレッチは、運動する基礎体力をつけるための丸暗記だ。解法を徹底的に丸暗記するのは、数学でも物理でも化学でも世界史でも、論理構成するための、実験結果から解釈するための、現在を過去から学ぶための、基礎体力づくりだ。丸暗記なしに勉強などできるわけがない。

彼は、先生という他人が提示してくれる判断軸を、丸暗記した。貫き通した。そうすることで、次第に自分の判断軸ができるようになってきた。それが高校1年生の頃だった。その後、自分の判断軸を磨き上げるために、他人の判断軸を利用するようになったのである。**1行でも少なく、少しでもシンプルに説明するというのは、東京大学でも京都大学でもハーバード大学でも、外資系コンサルティング会社でも外資系投資銀行でも、最も評価される。**

なぜならば、それは相手に対する思いやりだからだ。自分で好き勝手な説明をダラダラしても、相手は理解できない。自分が説明すれば説明するほど、その説明を、相手は理解できなくなる。なぜなら、情報量が多くなり、「情報オーバーロード」を起こしてしまうからだ。

だから、相手のことを思いやり、少しでも自分の考えを相手に理解してほしいのであれば、説明は短くなる。シンプルになる。説明を短くするには、何が重要な情報で何が不要な情報なのかを常に判断しながら説明しなければならない。**彼は、先生と説明の仕方を競い合うことで、クリティカル・シンキングも身につけていたわけだ。**

終章

序章のその後

僕は、僕に悩みを打ち明けてくれた課長が主催する勉強会に、オブザーバーとして参加させてもらった。彼は、教え方やファシリテーションスキルのトレーニングを社内外で数多く受講しているだけあって、具体例を豊富に紹介しながら、仕事の進め方について、わかりやすく講義をしていた。

問題は、彼のファシリテーションスキルにはなかった。受講生である部下の判断軸にあった。何が重要で、何が重要でないのか、取捨選択をする判断軸を持たないがゆえに、具体例を豊富に説明されて「情報オーバーロード」を起こしていたのである。

そこで、彼が講義を終えた後、僕が講義を引き継ぎ、こう聞いた。

「今の課長のご説明で、いらないところ、捨てていいところってどこですかね？」

受講生全員が、ドン引きした。「一生懸命講義をしてくれた課長を目の前にして、いらないところなんて言えるわけないだろ？　そもそも、課長は重要なことを教えてくれたはずだ。だから、全部大事だろ！」と、怪訝そうな表情で僕の顔を見ている。

「いや、課長のご説明はもちろん重要な説明なのですが、それでも、それぞれに優先順位がありますよね。じゃあ、言い方を変えますね。一番重要なこと、次に重要なこと、その次に重要なことは何でしょう。何が1位で、何が2位か考えてください」

僕がそう言うとホッとしたのか、受講生が考え始めた。でも、なかなか優先順位が出てこない。そのうち、一人が手を挙げた。

「すみません。僕は課長の講義をメモするのに必死で、メモはたくさん書いたのですが、優先順位を考えたりはしませんでした」

次々と受講生たちが手を挙げる。

「僕もです」
「聴くことに必死になってたかも」

そこで、僕は言った。

「こういった社内勉強会だけでなく、大学受験の予備校でも中学受験の塾でも、90%以上の受講生は、皆さんと同じです。すごく真面目。ちゃんと講義を聴いている。でも、聴いているだけ。それは、教わっていない。教わらないと力はつかない。課長の講義を使いこなすことはできない。ここにいる皆さんには『教わる力』がまだ足りない。じゃあ『教わる力』ってどんなものか、一緒に考えてみましょうか」

その後、課長と僕の二人で勉強会を進めていった。受講生はもともとポテンシャルの高いビジネスパーソンである。あっという間に、他人の判断軸を借りて利用し、そして、次第に自分の判断軸をつくりあげていった。

そして、半年後、受講生の一人が手を挙げた。

「課長の今のご説明を、僕なりにアレンジして説明してもよろしいでしょうか」

その説明は、課長の説明よりも、さらにシンプルで、でも、必要な要素を満たしていた。

課長は目を真っ赤にして、唇を震わせながら、

「君たちが、ここまで頑張ってくれるとは思わなかった。本当にありがとう。次回から、君が僕に代わって講義をしてくれ」

と言い、ハンカチを目にやった。課長からバトンを渡された彼は、次回から「教える」ことで「教わる力」をさらに鍛えていくだろう。そして、しばらくすれば、課長からバトンを渡された彼が、今度はバトンを渡す役目を果たす日がくるだろう。

★

僕の前で涙を見せていたお受験ママが、お嬢さんの塾の宿題を教えているところを拝見させてもらったこともあるが、非常にわかりやすく、「ママさん、どこかの塾で講師やったらどうですか?」と、心の中で思っていた。ママさんも少し晴れやかな表情で「この子の宿題を教えていたら、私も勉強できるようになっちゃって。今の私が受験したら、間違

いなく合格できると思うんです（笑）」と、冗談を言っていた。

ママさんの「教える力」が日々向上する一方で、お嬢さんの「教わる力」は一向に向上しなかった。なぜか。やらされ感満載だったからである。なんのために勉強しているのか、全然理解できていなかった。

目標の見えない作業ほど辛いものはない。マラソンをするときに、10キロマラソンだとわかっていれば、ゴールを目指して走ることはできる。しかし、ゴールがどこなのか教えてくれないマラソンは辛いだろう。ただひたすら走らされるのである。

同様に、東京大学合格、開成中学合格という目標があれば、辛い勉強も頑張れる。しかし、何のために勉強しているのかわからないまま勉強することは、苦行となる。

お嬢さんには、目標がピンときていなかった。そりゃそうだろう。弱冠5歳で、「公立小学校と比べて私立小学校の教育はレベルが高く……」と言われても、理解できるわけがない。「秋の入試を頑張りましょう！」とは、塾でもママさんも言っていたが、子どもにとって数か月後は、とてつもなく遠い未来の話である。今頑張ったって、結果が出るのは遠い未来。やる気が出るはずもない。

なので、もっとわかりやすい目標設定をすることにした。まず、お嬢さんのお受験友達を2人呼んでもらい、塾だけでなく家でも一緒に勉強してもらうことにした。そして、プリキュアのシールを用意した。問題に正解すると、シールを1枚あげることにしたのだ。頑張って問題を解けば、1秒後にシールをもらえる。頑張りに対する「報酬」が目に見える。

また、お友達と一緒に勉強することで競争原理が働く。どこにでもありそうなシールなのだが、お嬢さんたちはプリキュアのシールをGETするために必死だった。

「サルくんとカバくんがシーソーに乗ると、サルくんが下でした。キリンさんとサルくんがシーソーに乗ると、キリンさんが下でした。じゃあ、キリンさんとカバくんがシーソーに乗るとどうなる？」

ママさんがそう質問すると、3人とも躍起になって手を挙げる。

「キリンさんが下になる！」

嬉しそうに答える。僕はすかさずプリキュアのシールを1枚手渡す。

「やったー！キュアブロッサムだ！」

プリキュアのシールをGETするために、彼女たちの心に火がついた。

「はやく問題出して！」

と、前のめりにかぶりついて、ママさんの授業を聞いている。もともとママさんの授業はわかりやすく、お嬢さんたちはグングン力をつけていった。

そして、11月になり、お友達を含め全員が都内の有名私立小学校に合格した。お母さんは笑顔でこう言ってくれた。

「途中辛いこともあったけど、娘と二人三脚で頑張ることができました。とてもよい機会だったし、親子で頑張った想い出ができました。本当にありがとうございます。娘が合格したこと、頑張ってくれたことは、私たちにとって最高のクリスマスプレゼントです」

親子で頑張る最初のプロジェクトは、無事に成功で幕を閉じた。お母さんも笑顔、お嬢さんも笑顔、家族で幸せなクリスマスとお正月を迎えることができそうだ。

★

「プロを教えるプロ」のレッスン風景を見学させていただいたこともあるが、さすがだった。アマチュアでは気がつかないような修正ポイントを即座に見抜き、それをわかりやすく解説している。どこからどう見ても、インストラクターの鏡である。

ところが、彼はこう言っていた。

「アマチュアのゴルファーにアドバイスを求められることが結構あるけど、プロゴルファーに教える以上に、相当難しいね。なかなか成果を出すことができない。彼らを変えることは、本当に難しい」

なぜだろうか。彼がプロゴルファーに教えているところを見学させていただいて、僕はその原因がすぐにわかった。やはり、プロゴルファーに教えているときは、その徹底ぶりが違う。かなり厳しい口調で、しっかりと指導をしていた。でも、厳しい指導だから、プロゴルファーはスイングを改善でき、成果を出せたわけではない。

彼に30分ほど教わったプロゴルファーは、その後練習場で3時間ほど打ち込んでいた。もちろん途中で休憩を入れながら、そして、わからなくなったら再度レッスンプロに質問をしながら。そうやって、**「教わった」ことを身体に染み込ませていった**のである。

一方、アマチュアのレッスンも同じように30分ほどである。アマチュアの彼らは、レッスンプロからさまざまな説明を受け、「目から鱗が落ち」まくる。

「そうか、右肩が突っ込み過ぎていたんですね！僕の問題がやっとわかりました！」などと言いながら。しかし、彼らはそこがピークなのである。

自分のスイングの問題が何なのか、見事な説明でよく「わかった」。しかし、「わかった」ことと「できる」ことは、全く違う。彼らは「わかった」ことに感動し、「目から鱗が落ち」まくって、そこで終わってしまっていた。

「いやぁ、今日のレッスンも本当に充実していた。たくさん学んだ。目から鱗だ。これから頑張ろう！でも、ちょっとお腹すいたな。今日は頑張ってレッスン受けたし、ちょっとビールでも飲みにいこうか！」

と、レッスンを一緒に受けていた仲間と、満足げに近くの居酒屋に向かってしまう。そこでスイング談義に花を咲かせる。そして、数日後、再び練習場に来たときに、こう言うのだ。

「あれ、おかしいなあ。この前、レッスンプロに教わった直後は、ちゃんとまっすぐ飛んだのに。また、スライスし始めた。いやぁ、ゴルフは難しいですな」

そうじゃない。**「目から鱗を落とし」まくっただけで、「教わった」ことが全然身体に入っていないからできるようにならないだけ**だ。

エビングハウスの忘却曲線によれば、人は教わり覚えたことを、1時間後には56％を、

1日後に74%も忘れているのだ。レッスンを受けて感動しても、1日たてば4分の3は、頭から失われている。いわんや身体をや。プロのレッスンに感動したのなら、すぐにそれを身体に入れて、馴染ませなければ。そうしないと、いつまでも上手になることはないのである。

そこで、アマチュア向けレッスンを見学させていただいた僕は、受講生であるアマチュアゴルファーに、こう提案してみた。

「レッスンが終わった後、1時間でもいいので、『教わった』ポイントだけを集中して練習してみませんか」

すると、5人中2人がその提案に乗ってくれた。そして、練習をしてみると、

「あれ?今、右肩がまたツッコんじゃったかな?」

などと言いながら、レッスンプロに再び質問しはじめた。レッスンプロは嬉しそうに、

「なー、一度教わっても、いざやってみるとできないだろう。だから、また教わる。その繰り返しで、徐々に徐々にできるようになっていくんだ。プロゴルファーとアマチュアゴルファーを分けるものって、何かわかる？　もちろん技術もあるんだけど、**一番大きいのは、練習量の差。質の差じゃない。量の差。彼らは、練習量が、アマチュアの想像を絶するくらい多い。だから、プロになれるんだよ**」

と言い、指導をしてくれた。アマチュアゴルファーの2人は、ようやく「教わる」とはどういうことなのかわかってきたようだ。間もなく、スコアも向上していくことだろう。

あとがき

本書では、年間３００冊ビジネス書を読むだとか、アクセンチュアでは寝袋持参で1年生コンサルタントが勉強していただとか、アプローチで６００球、ショットで４００球打つだとか、「時間をかけること」「量をこなすこと」に重きを置いて、「教わる力」の鍛え方について説明をしてきた。

「最初はナビゲーションのルート設定が重要だと言っていたのに、なぜ？」と思われるかもしれない。もちろん「現在地」から「目的地」までのルート選択、ルート設定は重要である。しかし、ルート設定することで満足してしまい、そのルートを全力で走らない人を、僕は数多く見てきた。

「今まで非効率的なルート設定をして、全力で走っても成果を出すことができなかった。でも、今、合理的な、効率的なルート設定をすることができた。だから、ゆっくり走ろう！」ではないのである。

合理的、効率的なルートを設定できたのであれば、そこを全力で走るのだ。むしろ「目的地」が見えている分、今までよりも全力で走ることができるのではないか。

合理的、効率的なルートを、全力で走りきることで、超高速で成果を出せるようになること、そして、地に落ちた日本の国際競争力を、「教わる力」の側面から復活させることが、本書の目的だ。周囲にいる日本人の仲間たちがのんびり歩いているからといって、自分ものんびり「目的地」へ向かってはいけない。

こう言うと、「詰め込み教育と同じ考え方ですね」と言われることがある。「せっかく合理的で効率的なルート設定ができるのなら、少しゆっくり『目的地』へ向かっても、みんなより早く到着できるじゃないですか」

でも、ちょっと背伸びして周囲を見てみよう。日本人を除いたアジア人は、欧米人は、合理的か効率的なルートかはさておき、全力で走っている。それなのに、大半の日本人は、

「目的地」すらあいまいなまま、のんびり歩いている。もう周回遅れ目前だ。

そもそも、日本の「詰め込み教育」は、本当に「詰め込み教育」なのだろうか。都心部の過熱する中学受験勉強や難関大学の大学受験勉強をもって、日本では「詰め込み教育」と言われることが多い。確かに、夜遅くまで塾通いをする小学生を見ていると、大変だなぁという気になる。

しかし、これは、日本のヌルすぎる初等教育、中等教育と比較して大変だと言っている話にすぎず、諸外国、特にアジア諸国と比較した場合、日本の「詰め込み教育」[※40]は、ゆるくてヌルい「詰め込み教育」であるといえる。比較の対象を変えることで、日本の「詰め込み教育」が、まだまだゆるい、実は当たり前の基礎訓練を行っているに過ぎないことがわかるのだ。

15年くらい前から、日本企業の中国市場参入支援を行うコンサルティングの依頼が増えてきた。これは中国に生産拠点を持ちたいという話ではなく、消費市場として中国市場を捉え、中国人のニーズ、嗜好を明らかにし、自社の製品・サービスの販売を行いたいというものだ。

そのため僕は、上海を中心に、何度も中国に出かける機会を得た。そしてその滞在中に、現地法人の中国人から中国の教育事情を詳しく聞き、また実際に初等教育、中等教育の現場を拝見する機会を得ることもできた。

そこで得た結論は、中国・韓国をはじめとするアジア諸国の「詰め込み教育」と比較すると、日本の「詰め込み教育」は、全然詰め込みではなく、当たり前の基礎訓練に過ぎないということだ。


日本で最も中学受験率が高いのが首都圏で、年により変動があるものの、大体12％前後。中学受験といってもピンキリで、「詰め込み教育」が必要となる難関校は、その中でも一部だ。したがって、「詰め込み教育」の状況に置かれている小学生は、実は少数である。

一方、中国では全ての小学生が中学校を受験する。中学校の名前のつけ方は、多くの場

※40　日本と違って、保護者の間に「詰め込み教育」に対する嫌悪感はそれほどない。競争力を向上させるためには、当たり前のことだと考えている。

合、難易度の高さの順に第一中学、第二中学、……と続いていく。したがって、すべての小学生は、中学入学時点で、頭の良さの順番に振り分けられていくことになる。そのため、小学校から熾烈な競争が始まり、膨大な量の漢詩を丸暗記させるなど、日本とは比較にならない「詰め込み教育」が行われる。「詰め込み」の結果は、定期テストごとに発表される校内順位で明らかになり、成績の悪い生徒には、さらに「詰め込み」が行われる。

そして、この競争は中学校では、第一高校に入学するために、同様の「詰め込み教育」が行われ、高校では、難関大学に入学するために、同様の「詰め込み教育」が行われる。「高考」(全国大学統一入試)間近になると、高校は深夜まで授業を行い、教室でアミノ酸の点滴を打ちながら勉強をする受験生もいる。

このような状況と比較すると、日本の「詰め込み教育」は全く常識の範囲内で、初等教育の基礎事項を反復訓練しているに過ぎない。それを「大変だ!」「かわいそう!」というのは、グローバルな基準で見てあまりにもヌルく、甘やかされている日本の公立小学校の初等教育の基準で判断しているだけの話なのである。

日本の「詰め込み教育」回避のトレンドは、国際競争力の低下にもつながっており、たとえば、ハーバード大学・大学院の日本人数は、1992年の174人から2008年には107人に減少している。一方、中国人は1992年の231人から2008年には421人、韓国人は1992年の123人から2008年には305人に増加している。

この調査期間の15年間で日本の経済力は凋落し、中国の経済力は向上した。特に中国の富裕層の増加は、人口母数が多いだけに、その影響も大きく、中国人が豊かになれば、教育投資も積極的に行われ、日本とは比較にならない「詰め込み教育」を行うために、国際競争力を増していくのである。


国際経営開発研究所（IMD）の調査によれば、2015年の国際競争力ランキングにおいてシンガポールが世界3位、台湾は11位、マレーシアは14位、中国は22位、韓国は25位、そして日本は27位である。タイは30位と、日本を射程圏内に収めている。

僕がまだ大学生だった1991年、日本は世界1位だった。大学院に進んだ90年代半ばでも世界4位である。僕の脳裏にも、強かった日本の印象がこびりついているが、その感覚で現在の日本の競争力を捉えてはいけない。

日本の競争力回復の要因はいろいろなものがあるだろうが、「教育」は、その要因のなかでも、大きなもののひとつであると信じている。

だから、お願いしたい。幸いなことに現在の日本において、「教える力」は、ずいぶん磨かれてきた。「教える技術」は、ずいぶん向上してきた。ここで、「教わる力」を鍛えれば、ターボエンジンに火がつき、一気に成果を出せるようになる。そのために、自分オリジナルの判断軸で、最短距離・最短時間のルート設定をし、全速力で「目的地」に到着し、成果を出してほしい。天然資源に恵まれない日本にとって、人材は貴重な資源である。その資源の価値を高めるために、本書が少しでもお役にたてるのであれば、著者として望外の喜びである。

まえがきで述べたように、本書の執筆には相当時間がかかってしまった。執筆途中に、次男眞之助の小学受験、長男幸之助の米国交換留学が入り、僕はそちらを優先させたからだ。しかし、周囲に迷惑をかけてしまうことを厭わず、僕は全力で眞之助の小学受験、幸之助の米国交換留学に向き合った。その結果、それぞれにおいてこのうえない最高の成果を手にすることができた。

欧米諸国のみならずアジア諸国が競争力を高めているなか、息子たちの世代は、日本人以外のライバルとも競争していくことになる。厳しい競争下で、どうやって成果をつかんでいったらよいのか、息子たちにも本書を活用して「教わる力」を鍛えていってほしい。
だから、本書を長男幸之助、次男眞之助に贈ることにする。そして、息子たちが大きくなったとき、日本の競争力が向上し、多くの日本人が、自分の判断軸でそれぞれに成果をつかんでいることを期待したい。

２０１５年初夏　新緑がまぶしい校門の前で、
長男と次男が元気に駆け出す後ろ姿を眺めながら

牧田 幸裕

携書版あとがき

『すべての「学び」の前に鍛えるべきは、「教わる力」である』を出版してから、早くも3年が経とうとしている。月日の流れるのは早いが、それ以上にわずか数年で、僕らの学びの環境は劇的に変化してきている。CourseraやJMOOCなどで国内外の大学の講義を動画で受講できるのが一般的になり、また一方ではスタディサプリなど小学生から大学受験生までを対象とした動画講義も配信され、高い支持を受けている。

経済情報プラットフォームのニューズピックスも、3年前の本書の元本を出版した際には会員ユーザー数60万人程度だったが、それが2018年には300万人を超え、多くの知見が集まるプラットフォームに成長している。

このように「学びの場」がどんどん増えるということは、成長の機会が増えるということでもあるが、本書で述べてきた「情報オーバーロード」がさらに起きていくことでもある。

「情報オーバーロード」については、単行本を執筆した2015年とは状況が変わってきているところもある。携書版あとがきを執筆している2018年現在の情報流通量はここ数年でさらに拡大しているから、「情報オーバーロード」の深刻さはここ数年だけでもかなり高まっているといえる。2015年以上に、人間の脳みその情報処理量を大きく超えてしまっているのだ。

しかし一方で2015年と比較すると、僕たちの情報処理に対する肩の力はずいぶん抜けてきている。なぜならば、もう自分の脳みそで考えなくなったからだ。ビッグデータを処理するAIが僕らの脳みそを代替してくれる。オムニチャネル化が進み、リアル店舗での購買履歴もECチャネルでの購買履歴もIDに紐づいて一元管理される。これまでの購買履歴に応じて、One to Oneで最適なレコメンデーションがされるようになった。ECチャネルでさまざまなアイテムを閲覧すると、その閲覧履歴から、「買い忘れはありませんか?」とレコメンデーションされる。

僕はワインが好きで、ワイン専門店のECチャネルでワインを購入しているが、僕の購買履歴から、僕の好みの傾向を明らかにし「あなたへのおすすめのワインを入荷しました」とレコメンデーションされる。精度がかなり高く、レコメンデーションに従っていると、確かに僕の好みにドンピシャなワインを簡単に入手できる。また、購買履歴から僕がワインを消費する間隔を推測し、ワインセラーが空になるちょっと前に「そろそろワインをいかがですか？」とレコメンデーションが入る。痒い所に手が届く一方で、僕はどんどん自分で判断しなくなる。

オムニチャネル化が進み、リアル店舗でもECチャネルでも、僕らは消費者行動データを流通小売業へ提供する。すると、流通小売業は、それらのビッグデータをAIで解析し、僕らに最適なレコメンデーションを提供してくれる。僕らのことをとてもよく理解してくれて快適だし、「楽ちん」だ。

人間は「楽ちん」になると、その環境に流されてしまう。AIの判断軸に乗るようになり、自分の判断軸では考えなくなっていく。僕らは、自分の脳みそで考えることをやめることで、「情報オーバーロード」を回避できるようになった。本書では「教わる力」とは、自分の判断軸を形成することだと述べてきたが、2015年と比較し、2018年は自分の判断軸を形成することが、より難しくなってきている時代だといえる。

ニュースサイトでも、「あなたへのおすすめの記事です」と、過去の閲覧履歴からニュースコンテンツを提供してくれるが、「楽ちん」である一方で、それだけでは、「これまで」の興味関心に閉じ、狭い領域で深い理解をできるようになるかもしれないが、視座の広がりはない。

視座を広げるためには、AIのレコメンデーションに乗っかるだけではなく、自分で自律的にニュースコンテンツを獲りにいくことが必要になる。人間として自分の判断軸を持つために、ビジネスパーソンとして成長の機会を持ち続けるために「教わる力」を鍛える重要性は、2015年よりも高まっているといえる。誰かの判断軸ではなく、自分自身の判断軸で意思決定をし、成果をつかむビジネスパーソンになるヒントを本書が提供できれば、望外の喜びである。

2018年初夏　新緑の軽井沢の森で、
自分の行き先は自分で決め、マウンテンバイクを駆りながら

牧田 幸裕

教わる力　すべての優秀な人に共通する唯一のスキル

ディスカヴァー携書 202

発行日　2018年 5 月25日　第1刷

Author　牧田幸裕

Book Designer　遠藤陽一
Illustrator　タケウマ（Studio-Takeuma）

Publication　株式会社ディスカヴァー・トゥエンティワン
〒102-0093　東京都千代田区平河町2-16-1 平河町森タワー11F
TEL　03-3237-8321（代表）
FAX　03-3237-8323
http://www.d21.co.jp

Publisher　干場弓子
Editor　千葉正幸

Marketing Group
Staff　小田孝文　井筒浩　千葉潤子　飯田智樹　佐藤昌幸　谷口奈緒美　古矢薫　蛯原昇　安永智洋　鍋田匠伴　榊原僚　佐竹祐哉　廣内悠理　梅本翔太　田中姫菜　橋本莉奈　川島理　庄司知世　谷中卓　小木曽礼丈　越野志絵良　佐々木玲奈　高橋雛乃

Productive Group
Staff　藤田浩芳　原典宏　林秀樹　三谷祐一　大山聡子　大竹朝子　堀部直人　林拓馬　塔下太朗　松石悠　木下智尋　渡辺基志

E-Business Group
Staff　松原史与志　中澤泰宏　西川なつか　伊東佑真　牧野類　倉田華

Global & Public Relations Group
Staff　郭迪　田中亜紀　杉田彰子　奥田千晶　李瑋玲　連苑如

Operations & Accounting Group Group
Staff　山中麻吏　小関勝則　小田木もも　池田望　福永友紀

Assistant Staff　俵敬子　町田加奈子　丸山香織　小林里美　井澤徳子　藤井多穂子　藤井かおり　葛目美枝子　伊藤香　常徳すみ　鈴木洋子　石橋佐知子　伊藤由美　小川弘代　畑野衣見　森祐斗

DTP　アーティザンカンパニー株式会社
Printing　共同印刷株式会社

ISBN978-4-7993-2266-6

携書ロゴ：長坂勇司
携書フォーマット：石間　淳